CFOの履歴書

Chief Financial Officer

バリューアップパートナー株式会社
代表取締役
大塚寿昭 編著

石橋 善一郎
元 日本トイザらス株式会社
代表取締役副社長 兼 CFO

太田 博之
株式会社イントラスト 取締役執行役員

大矢 俊樹
グリー株式会社 取締役上級執行役員
コーポレート統括

佐々木 義孝
元 株式会社ショーケース・ティービー
取締役CFO

鈴木 裕之
株式会社ミサワ 取締役管理本部長

薛 仁興
元GMOアドパートナーズ株式会社
専務取締役経営管理本部長

藤田 利之
株式会社レアジョブ 取締役 副社長

安川 徳昭
元 株式会社ヒト・コミュニケーションズ
取締役管理本部長

吉田 知史
株式会社ジオコード 専務取締役CFO

渡邉 淳
元 株式会社エラン 取締役CFO

中央経済社

はじめに

「CFOの履歴書」というタイトルのとおり，本書には難しいファイナンス理論は書かれていません。純粋に理屈を知りたい人には不向きな本です。

本書は「CFOって何だろうという人」，「ファイナンス関係の業務をしている人」，「明確にCFOを目指している人」，「現在CFOをしているが自信が持てない人」の羅針盤になるべく執筆しています。

本書の前半では多種多様なステージにある企業の中でCFOにどのような役割が期待され，その役割を達成するためにどんなスキルが必要なのかをわかりやすく体系化しています。

また後半の部分はCFOの経験を持つ10名の生の声を聴いてもらいます。そこで語られる言葉から皆様はCFOへの道の多様性，さらなるCFOの魅力を知ることになるでしょう。

これまでCFOについて多くの書籍を目にしてきましたが，その本の中に登場するCFOは世界を代表する雲の上のスーパーCFOばかりです。しかし，本書に登場するCFOは皆様の身近にいていつでも声を掛けられる存在です。だからお手本になります。

また，本書に登場する10名は昔からある日本を代表する大企業のCFOではなく，ベンチャー企業からマザーズ上場，そして本則の東証一部に上り詰めた企業のCFOが大半です。

そして，現在もその会社で活躍している人もいれば，独立して社長業をしている人もいます。また大学教授をしている人もいます。さまざまなキャリアを歩んでいることに皆様も驚かれるでしょう。

組織はリーダー次第で成長もすれば衰退もします。

私が以前勤めていた会社は，2002年に民事再生法の申立てを行い消滅しました。

それから遡ること1990年前後，会社は何度か外貨建転換社債を発行して400

億円を調達，その資金を本社用地購入，新規事業投資，海外投資等に使い果たし，破綻時は逆に400億円の負債を抱えていました。

歴代の管理本部長はその時々において，トップにどのように意見し行動したのか，もし優れたCFOがその場にいたら結果は変わっていたのではないだろうか。

今回登場する10名のCFOの1人でも，その場に居合わせたら，違った結果になっていたかもしれません。

最近はトランプ政権のアメリカンファーストによる過度な保護主義と中国との貿易戦争，そして中国の海洋進出，軍事力増強，一帯一路戦略の経済的支援に隠れた自由，人権を無視する価値観の脅威，北朝鮮問題，イギリスのEU離脱の混乱等，世界はこれまでにない時代に突入しています。

大きな変化の中でCFOにもファイナンシャルスキル等を高める努力以上に単なるマネージャー的な動きから，リーダーとして事業を創出するCFOが求められています。

また近年，ベンチャー企業の大型調達が目立つようになり，それに呼号してCFOのバックグラウンドも投資銀行出身の若手の採用が目立ってきています。この状態が継続するのか見通せませんが，経済環境の変化がCFOの役割に変化を与えているのは事実です。

そして，大きな環境変化のうねりは既存の経営管理の仕組みでは対応できず，もっと優れた経営管理体制が発明されるかもしれません。

しかし，現時点で最も優れた経営管理体制におけるCFOという職の魅力を，この本を通して実感していただければ執筆者全員の喜びです。

私はこれまでCFOの肩書をもつ2,000人ほどの方々と出会いその人生を見てきました。

CFOの役割を理解していない人，肩書はCFOですが何をしていいのかわからない人，失敗して落ち込んだ人，会社の成功を自分の手柄だと勘違いしてい

る人，一方で見事な成功を収めている人，会うたびにスキルも人間的魅力も増している人，そういう人たちが転職支援や相談を求めて弊社を訪れます。

　私が本書を人間的魅力にあふれたCFOと一緒に書いた目的は，あなたの目の前にいる等身大のCFOがどのようにしてCFOになり，どのような悩みを抱えて日々悪戦苦闘しているのか，そして，その悩みや失敗から何を学んでいるのか，その現実を知ることで，CFO職の魅力やこれからCFOを目指す人に希望を，そして困難な局面を迎えているCFOに少しでも勇気を与えたいと願って「CFOの履歴書」を共同執筆（10名のCFO）しました。

　したがいまして，本書を手に取って読んでいる読者の皆様のキャリア形成，スキルアップのヒントになるものと固く信じています。

　本書は私と10名のCFOの共同執筆ですが，10名の方々は忙しい合間を縫って執筆してくれました。同時に本書執筆の目的に賛同して最後まで真摯にお付き合いしていただいた中央経済社の奥田真史氏にも感謝申し上げます。

2019年6月

大塚寿昭

CONTENTS
——CFOの履歴書——

はじめに *i*

第1章 CFOになるために 最低限知っておきたい基礎知識 — *1*

1 CFOの誕生—激動の30年に何が起こったのか — *3*

- バブル崩壊と金融機関の破綻 …… *3*
- 投資ファンドの誕生 …… *4*
- 日本型経営システムの限界と投資家重視への転換 …… *5*
- CFOの誕生とこの30年の出来事 …… *6*

2 経営システムの変化—執行役員制度の導入 — *6*

- 日本型経営システム …… *6*
- アメリカ型経営システム …… *8*
- CEO，COO，CFOの関係性 …… *9*

CFOの一言：CEOとの関係性について・*10*

3 CFOとは何なのか—その役割について — *10*

- CFOとは …… *11*
- CFOの管掌部門 …… *11*
- CFOの管掌部門の業務内容 …… *12*
- CFOの役割 …… *14*

CFOの一言：CFOの役割について・*17*

- ROEについて …… *17*

4 CFOのスキル—広い責任領域のスキルをどう身につけるのか — *20*

- ・ハードスキルとソフトスキル …… 20
- ・ハードスキル …… 21
  - ① 経理スキル／21
  - ② 財務スキル／22
  - ③ 経営企画スキル／23
  - ④ 人事スキル／23
- ・ソフトスキル …… 24
  - ① リーダーシップ，マネジメント力，コミュニケーション力／24
  - ② 英語力／26
- ・マネジメントとリーダーシップの違いについて …… 27

5 CFOへのステップ―具体的な事例を交えて ――――――― 29

- ・多様化するCFOへのステップ …… 29
- ・具体的なキャリアプラン …… 30
  - ① まずは財務部門へ／30
  - ② 次は経理部門へ／31
  - ③ ベンチャー企業で経理スキルを／32
  - ④ 経営計画スキルのためにコンサルティング会社へ／32
  - ⑤ ベンチャーCFOへ挑戦／33
  - ⑥ バイアウトファンドの投資先CFO／34
- ・キャリアプランの一例 …… 34

6 CFOの成長ステージ別スキルセット ――――――――― 35

- ・ベンチャーCFOのスキルセット …… 35
  - ① 月次決算に始まる年次決算の早期化と精度の向上／35
  - ② 予算制度の構築や管理会計の充実／36
  - ③ 投資家を納得させる事業計画書の作成と資金調達／36
  - ④ 採用業務，労務管理，人事制度，総務業務／36
  - ⑤ 社長との関係構築／36
- CFOの一言：CFOに必要なスキル・37

CONTENTS *III*

・大企業CFOのスキルセット …… *38*

① IR ／*38*

② リスク管理／*38*

③ ガバナンス (グローバル) 体制の再構築／*38*

④ フリー・キャッシュ・フローの最大化／*38*

・外資系企業CFOのスキルセット …… *39*

① 年度予算の必達／*40*

② 業績管理／*40*

③ CEOのビジネスパートナー／*40*

・中堅(成長)企業CFOのスキルセット …… *40*

① 組織の再構築／*41*

② 成長戦略の構築と実行／*41*

③ IR ／*41*

・成長ステージ別CFOのハードスキルとソフトスキル …… *41*

7 ベンチャー企業とは―すべての企業の始まりはベンチャー ── *43*

・ベンチャー企業の分類 …… *43*

・起業家発ベンチャー …… *44*

・会社発ベンチャー …… *44*

・大学発ベンチャー …… *45*

・ベンチャー企業の分類，具体的社名 …… *45*

・大学発ベンチャー企業の大学別累計起業数 …… *46*

・巨額な資金調達をしたベンチャー企業とCFOの役割 …… *47*

8 ベンチャーキャピタルについて ───────── *48*

・ベンチャーキャピタルの分類 …… *48*

・VCの投資基準 …… *50*

・VCからの出資のメリットやデメリット …… *50*

① メリット／*50*

② デメリット／*51*

9 バイアウトファンドについて ——————————————— 51

- ・バイアウトファンドの役割 …… 51
- ・バイアウトファンドの取引別分類 …… 52
    ① LBO／52
    ② MBO，MBI／52
    ③ EBO，MEBO／52
    ④ ホワイトナイト投資／52
    ⑤ リキャピタリゼーション／52
- ・バイアウトファンドのタイプ別分類 …… 53
    ① カーブアウト(子会社・事業部門売却)／53
    ② 企業再生／53
    ③ 事業承継／53
    ④ 資本再構築／53
    ⑤ 公開企業の非公開化／53
- ・主なバイアウトファンド一覧 …… 53
- ・バイアウトファンドがイメージしているCFOの要件 …… 54
- ・バイアウトファンドが求めた具体的なスキル要件 …… 56
- ・タイプ別に必要とされる要件 …… 57

10 CFOの報酬 ———————————————————————— 58

- ・役員報酬の動向 …… 58
- ・CFOのステージ別報酬 …… 59

11 CFOへの挑戦 ——————————————————————— 60

- ・各執筆者の入社時の成長ステージ …… 61

CFOの一言：CFOとは・63

12 キャリアプランを報酬グラフから見ると ——————— 64

CONTENTS *V*

第2章 10人のCFOの履歴書 ——————— *71*

- 石橋　善一郎 氏／元 日本トイザらス株式会社
代表取締役副社長 兼 CFO・*73*

- 太田　博之 氏／株式会社イントラスト 取締役執行役員・*89*

- 大矢　俊樹 氏／グリー株式会社
取締役上級執行役員コーポレート統括・*101*

- 佐々木　義孝 氏／元 株式会社ショーケース・ティービー
取締役CFO・*115*

- 鈴木　裕之 氏／株式会社ミサワ 取締役管理本部長・*129*

- 薛　仁興 氏／元 GMOアドパートナーズ株式会社
専務取締役経営管理本部長・*143*

- 藤田　利之 氏／株式会社レアジョブ　取締役 副社長・*155*

- 安川　徳昭 氏／元 株式会社ヒト・コミュニケーションズ
取締役管理本部長・*167*

- 吉田　知史 氏／株式会社ジオコード　専務取締役CFO・*181*

- 渡邉　淳 氏／元 株式会社エラン 取締役CFO・*195*

参考文献　*211*
あとがき　*213*

第 **1** 章

CFOになるために
最低限知っておきたい
基礎知識

1 CFOの誕生
──激動の30年に何が起こったのか

　日本でCFO（最高財務責任者）という言葉が，新聞や雑誌，書籍に取り上げられ始めたのは今から20年ほど前です。

　なぜCFOが求められるようになったのでしょうか？
　まずは，CFO誕生にいたる環境変化の歴史をひもといていきましょう。

●バブル崩壊と金融機関の破綻
　その誕生のきっかけは，1990年頃のバブルの崩壊まで遡ります。
　バブルの崩壊とそれに端を発した不良債権の処理，1993年のBIS規制の導入（国際的に活動する銀行に自己資本比率8％以上であることを求める規制），さらに，1996年の金融ビッグバンによって，金融機関の「護送船団方式」は崩壊しました。
　結果として，株式会社北海道拓殖銀行（1997年11月破綻），山一證券株式会社（1997年11月破綻），株式会社日本長期信用銀行（1998年10月破綻，国有化後，バイアウトファンドのリップルウッド等に売却。現在は新生銀行），株式会社日本債権信用銀行（1998年12月破綻，国有化後，ソフトバンク，オリックス，東京海上火災保険に売却。現在はあおぞら銀行）など数々の金融機関が破綻や行き詰まりを余儀なくされ，金融機関はその金融機能を充分果たせなくなってしまいました。

　これが，いわゆるメインバンク制度の崩壊です。
　メインバンクは，資金提供だけではなく，株式の持ち合いによる資本参加，さらには役員の派遣も含め，企業の経営に深く関わっていました。それが崩壊してしまったのです。
　そのため企業は，間接金融に頼ることなく，独力で市場から資金調達をしなければならなくなりました。つまり，投資家を重視する財務戦略に舵を切る必然性が生じ，新たに財務戦略を担う財務担当者が求められるようになったので

す。

　これが，社会的にCFOが必要とされるようになった大きな理由です。

●投資ファンドの誕生

　1997年は日本版金融ビッグバンが推進され，金融の根本的な改革が開始された時期で，BIS規制や株価の低迷により，当時の日本では当たり前だった株式の持ち合いの解消が進み，手放された株式を積極的に買うファンドも現れました。

　1997年には，アドバンテッジパートナーズという投資ファンドが，日本で第一号のバイアウトファンドを立ち上げます。それを皮切りにユニゾン・キャピタルや既にベンチャー投資をしていたシュローダー・ベンチャーズ（後のMKSパートナーズ）も，バイアウトファンドを立ち上げます。後にこの3社は，独立系御三家といわれ，毎日のようにマスコミに投資先の話題を提供していました。

　また時を同じくして既にベンチャーキャピタルとして活躍していた東京海上キャピタルやジャフコもバイアウトファンドを立ち上げます。

　こうして日本にバイアウトファンドが次々と立ち上がっていきました。

　実はこの頃，私は以前在籍していた会社の社長と資金調達のためジャフコのバイアウト部隊に相談に行って，けんもほろろに断られた記憶があります。

　そして正にこの頃，執筆者の1人である大矢氏が監査法人を退職して，次のソフトバンクインベストメント社で1,500億円の大型ファンドの企画と組成実務に29歳頃に関わっていた時期と重なります。

　では，投資ファンド，バイアウトファンドとは何でしょうか？
　詳しくは後述しますが，簡単に説明すると以下のようなものです。
　バイアウトファンドはPEファンド（プライベート・エクイティ・ファンド）の一形態で，複数の機関投資家や個人投資家から集めた資金をもとに，潜在的に事業価値の高い中堅・中小企業をターゲットに投資します。そして，発行株式の過半数を取得して，3年〜5年程度のうちに予定投資利回りを実現できる

ように経営陣を支援するファンドのことをいいます。

●日本型経営システムの限界と投資家重視への転換

　これらのバイアウトファンドは，企業の低業績の元凶とされていた日本型経営システムに代わって，所有と経営を分離したアメリカ型経営システムを持ち込みました。執行部隊（CEO，COO，CFO）に大きな権限を与え，取締役会が監視する仕組みです。

　そして，同時期に「会社は誰のものか？」という議論も盛り上がりをみせました。それまでは，会社の主体は経営陣や社員とみなされていましたが，「株主重視」という考え方に大きく変わっていったのです。これは，グローバル化，IT化，技術革新と世の中が加速度的に変化する中で，企業価値を高めていくためには，社長1人ですべてを判断する日本型経営システムが限界をむかえていたことを意味しています。

　また，アメリカでは，エンロンやワールドコムの粉飾決算による巨大な破綻が経済に大きなダメージを与え，それを教訓にその翌年には，SOX法（内部統制）が制定され，財務報告プロセスの厳格化と規制の法制化で投資家保護を図りました。

　それを受けて日本でも，2008年4月よりJ-SOX「内部統制報告制度」の適用が上場会社に義務づけられました。CEOやCFOに財務諸表に係る内部統制システムの構築・運用とその有効性の検証という新たな業務が加わったのです。

　そして，2014年，2015年にはスチュワードシップ・コード策定，伊藤レポート発表，コーポレート・ガバナンス原案発表が続きます。

　その後，改定を重ねたスチュワードシップ・コードの受入れを表明した機関投資家は200社以上にものぼりました。2015年6月1日より適用が開始されたコーポレートガバナンス・コードの全73原則を適用している企業も増加しています。市場第一部・第二部の企業に限ってみても，2015年は11.6%（216社）だったのが，2017年には25.9%（659社）になりました。

　並行して，改正会社法・同施行規則による監査等委員会設置会社の創設，社外取締役実質義務化等，日本の企業統治改革は着実に進展しました。

　1999年から順次スタートした会計ビッグバン（連結決算主体へ，キャッ

シュ・フロー計算書導入，税効果会計，退職給付会計，金融商品会計，固定資産の減損会計，時価会計，国際会計基準の任意適用）や内部統制の導入も経営の在り方を根本から変えるインパクトがありました。

●CFOの誕生とこの30年の出来事

このような大きな環境変化によって，従来の経理部長，財務部長の役割を超えて経営トップのビジネスパートナーとして，自社の企業価値を常に把握して投資家の期待する利回りを上回るような収益を上げることを主導するCFOの必要性と重要性は増していったのです。

こういった経緯は，経営陣であれば知っておきたいところです。とくにCFOは，すべてを理解したうえで，会計方針を立て，監査法人と交渉して，企業価値を棄損しないような判断を求められますのでなおさらです。

CFO誕生にいたる環境変化の歴史をまとめると図表1のとおりです。

2　経営システムの変化
──執行役員制度の導入

1で「日本型経営システムの限界と投資家重視への転換」の項目にも簡単に書きましたが，もう少し詳しく日本型経営システムとアメリカ型経営システムについてみていきましょう。

●日本型経営システム

従来の日本型経営システムでは，株主総会で委任された取締役が，取締役会で方針を決定し，業務を執行するのが株式会社の姿です。

そこには，コーポレート・ガバナンス上，株主は上位にいました。しかし実際は，「メインバンク制度」と「株式の持ち合い制度」により，株主を意識しない"村社会"が存在していたのです。株式の持ち合いには，お互い経営に口を挟まないという暗黙の了解があったのです。

そして，株主総会は，単なる野党株主（総会屋）の発言の場と化しており，株主の経営参加の場からは遠いものでした。

図表1 CFO誕生の歴史

	1970	1980	1990	2000	2010	2020
経済	高度成長期	安定成長期 (1973-90)	低成長期	失われた20年？	実感のない成長	
			円高不況・バブル景気 (1987-90)		サブプライム・リーマンショック (2007-08)	
			バブル崩壊 (1990)			
			消費税導入 (1989)			
			投資ファンドの誕生：バイアウトファンド・ベンチャーキャピタルの設立が相次ぐ			
			第3次ベンチャーブーム (1999～2005)			
			ウィンドウズ95発売	エンロンやワールドコムの破綻 (2001・02)		
				アメリカでSOX法の制定 (2002)		
金融	間接金融 (メインバンク制・担保主義)		直接金融 (増資・社債・プロジェクトファイナンスなど)		物価2％目標 (2013)	
		プラザ合意 (1985)	過度の金融引き締め (1990)			
				BIS規制 (1993 バーゼル1)		
				金融ビッグバン (1996-2001)		
				新興市場創設 (1999：マザーズなど)		
				護送船団方式明確 (1996)		
				金融機関破綻 (拓銀・山一証券・長銀など)		
					アベノミクス	
政治	自民党政治			連立政権 (55年体制崩壊)	民主党政権を経て 自民党政権長期政権 (2012)	
			細川政権誕生 (1993)	村山政権誕生 (1994)		
会計	原価主義			時価主義		
				会計ビッグバン (2000)	内部統制	
				連結情報が主体へ	IFRSの施行	
				キャッシュ・フロー計算書		
				時価会計		
ガバナンス体制 経営システム	(日本) メインバンク主導・従業員・経営者		株主重視へ		ROE重視の経営	
	代表取締役社長に権限集中 (取締役の少数執行)		所有 (株主)・経営 (執行)・監督 (取締役)		コーポレートガバナンス・コード (2013)	
	(アメリカ) 代表取締役社長に権限集中 (取締役の少数執行)		社外取締役		スチュワードシップ・コード	
	所有 (株主)・経営 (執行)・監督 (取締役) の分離		キャッシュ・フロー経営		伊藤レポート (2014)	
CFO	(アメリカ) CFOが誕生				(日本) CFOの必要性が高まる	
					CFO機能が必要となる	

また，取締役会も社長によって指名された社内役員で構成されているため，経営を監視する機能としての役割を果たすことはできていませんでした。取締役は，サラリーマンの出世の最終目標とされ，部長（業務執行）の先のポジション程度にしか考えられていなかったのです。

当然，経営監視と経営執行の分離など考えられる状況ではありませんでした。メインバンク（同時に主要株主でもある）が，企業に役員を派遣して企業内部の情報を共有することで，経営監視の役目を負っていたのです。

ところが，「メインバンク制度」と「株式の持ち合い制度」の２つが崩壊し，村社会が消滅してしまいます。企業は，株主と資金の両方を失うことになり，自力で新しい株主を見つけ，新たに資金調達をする必要に迫られたのです。

どんなコーポレート・ガバナンス体制にも一長一短があります。

しかし日本の多くの企業は，アメリカから持ち込まれた経営監視と経営執行の完全な分離を目指したコーポレート・ガバナンス体制を取り入れて，その危機を乗り越えることに方向転換したのです。

●アメリカ型経営システム

アメリカ型経営システム（コーポレート・ガバナンス）とは，「企業を所有するのは株主」，「企業の経営に参画して取締役の選任等をする場が株主総会」，「その株主の代理人として経営監視するのが取締役・取締役会」，「日々の業務を執行するのが執行役員」という体制をとっています。その執行部隊の責任者として，CEO，COO，CFOがいます。

では，CEO，COO，CFOはどのような役割があるのでしょうか。

CEO（最高経営責任者）は，経営戦略立案や方針を決定し執行する企業経営における全責任を持っています。CEOは，取締役会で選任される取締役会の下部組織の役職であるため，日本の会社法が定める代表取締役とは同意語ではありません。

COO（最高執行責任者）は，CEOが決定した戦略や戦術について，業務に落とし込み執行する責任者です。そのため会長がCEO，社長がCOOになっている企業が多く見られます。しかし，一方で，代表取締役社長兼CEOとして

COOを置かない企業も多く存在しています。

　CEO，COO，CFOを経営のトップとした経営管理システムを採用しようとすれば必然的にCFOの役割も決まっていきます。

　CFOの役割は，一言でいうと，ROEを向上させることです。企業が成長し企業価値を高めるためには，資本コストを上回るROEを意識した経営をする必要があるのです。

　ITやAIなどの技術革新によりビジネスモデルが急速に変化する中，経営管理や経営戦略に長けたCFOは，CEOの良きビジネスパートナーとして，一層期待されています。

●CEO，COO，CFOの関係性

役割と関係性についてまとめたのが図表2になります。

図表2　CFOの役割と関係性

■CFOの一言：CEOとの関係性について■

執筆者の大矢氏は「自分はもちろんCEOの部下であったものの，評価を気にして迎合するというスタンスはとらなかった。また，CEOも全くそれを望んでいなかった。意見が異なるときには時間をかけてすり合わせた。議論はタフになる場合も多々あった」といっています。

渡邊氏は，「社長が「裸の王様」にさせられ不正確な情報に振り回されることがないように，誰も社長にはいいたがらない，もしくはいえないような耳障りなことでも臆せずストレートに伝えることを徹底した。イヤな役回りだったが社長はそのことを高く評価してくれた。」といっています。

そして吉田氏は「総論では社長の意向に沿い，各論のところで合理的と考えられる方向性に調整を加えるスタイルを貫いてきたつもりではいますが，結果として，最終的な結論の部分で，社長が自身の意向と相違するイメージをもたれる場合も避けられなかったので，その場合には，会社のあるべき方向にぶれがないように気持ちを強くもって対応しました。」

また，安川氏は次のようにもいっています。

「① 常に経営的視点で会話をすること（従業員的感覚は全て引き出しにしまう）

② 社長と同じくらい悩むこと

③ 社長が意思決定を間違えないように，理解しやすく簡潔に物事を伝えること

④ リスク，失敗などから先に伝えること」

3 CFOとは何なのか
——その役割について

本書の後半（第2章）では，ベンチャー企業，大企業，再生企業でCFOとして活躍した10名の方々から，リアルなCFOのあり方について語っていただいていますので，このパートでは，一般的なCFOの役割をお伝えしたいと思います。

●CFOとは

従来CFOに近い業務をしていたのが管理本部長や財務部長や経理部長でした。彼らは一般的に数字を集計して財務諸表を作成しそれを開示して，銀行から資金調達しながら時にブレーキを踏むことを仕事としていました。したがって，他部署からは「現場を知らない」，「事業を全く理解していない」，「一方的に規則や法律を指示するだけで対話にならない」など，ネガティブな印象を持たれていたのも確かです。

しかし，「CFOの誕生」の項目で見てきたとおり，大きな環境変化により，投資家と対話しながら企業価値を向上させるCFOという役割が定着してきましたが，そもそもCFOとは何なのか，もう少し詳しくご紹介したいと思います。

CFOとは，Chief Financial Officerの略で最高財務責任者を意味します。その言葉のとおり，企業の財務戦略の立案から実行までを一手に担う最高責任者のことです。

企業経営者のミッションは，企業価値の極大化，持続的成長です。CFOは，CFO組織（例えば，経営管理本部，管理本部，コーポレート本部等）を形成し，CEO（最高経営責任者）のビジネスパートナーとして財務面を中心に資本効率を上げる戦略を担っているのです。

●CFOの管掌部門

一般的に，企業規模が大きくなればなるほどCFOの管掌部門は少なくなる傾向にあります。

大企業でCFOをしている人の肩書は，取締役CFO（財務・IR担当）やCFO（経営企画部，財務企画部担当）などが多く，管掌部門が限定されています。一方で中小・ベンチャー企業の場合，組織が小さく，管理部門の人員も少ないことから，営業部門を除くすべての部門を管掌しているといったケースが一般的です。

大企業の財務責任者や監査法人等から中小・ベンチャー企業のCFOへ転職した方は，未経験の総務業務や人事業務も管掌する必要が出てくるなどして意外と苦労することになります。時には，業務の半分以上がそれに費やされる場

合もあります。

　しかし，ここ5年ほどの傾向として，多額の資金調達をする有力なベンチャーの場合，CFOが資本政策や資金調達，事業計画のみを責任業務範囲とし，その他の経理業務，総務業務，人事業務を管理部長のポストを作って任せる経営管理体制が見受けられるようになりました。以前のベンチャーでは考えられない現象が一部で起こっています。

　CFOを管掌部門から整理すると，図表3のとおりになります。

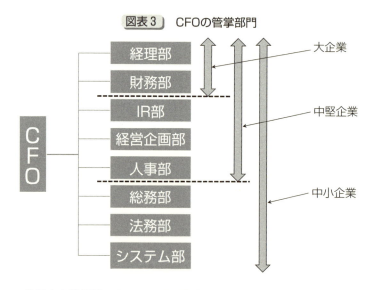

- 業種や企業規模によってCFOの管掌する部門が異なるケースが多い
- 一般に企業規模が大きいほど管掌部門が少なくなる傾向がある

●CFOの管掌部門の業務内容

　CFOの管掌部門の業務内容を整理しましょう。

　CFOの管掌部門は，会社の規模，業種，業態によって異なりますが，ここでは最もCFOの論理的責任領域に近い，ベンチャー企業を例にしてご紹介します。

　企業の管理部門は，経理部門，財務部門，IR部門，経営企画部門，人事部門，

総務部門，法務部門，システム部門で成り立っています。

　そして，CFOは，CFO組織である管理部門全体に責任を負っているため，場合によっては，直接各担当者に指示を出したり，報告を受けたりして，方針を決定することになります。

　ベンチャー企業の管理部門は，想像以上に整備されていません。監査法人での勤務経験のみの20代の公認会計士が，ベンチャー企業にCFOとして飛び込むと，たいていの場合，イメージとのギャップに驚くようです。

　ベンチャー企業がCFOを採用するのは，いよいよこれから成長ステージに突入していくというタイミングです。そのタイミングのCEOは，会社の戦力の100%を営業や開発につぎ込んでいるので，管理部門まで目が届いていないのです。ですから，外部からの指摘によってCFOを採用したとしても，管理部門についての具体的な指示ができないケースがほとんどです。

　そうなると，たとえ未経験であっても，CFOは限られた予算内で管理業務の管轄を1人で進めることになります。目の前に広がる管理業務の多さに途方に暮れるということは，ベンチャー企業のCFOになった人は誰でも経験することです。

　そのCFOの管掌部門の業務内容は**図表4**のとおりです。

図表4）　管掌部門の業務内容

ファイナンス業務	財務業務	財務戦略立案	経営企画部門と協力して財務戦略・計画に立案と実行
		キャッシュマネジメント	資金繰り(年・月・日繰り)，現預金管理，入出金業務，手形管理，有価証券管理
		資金調達	銀行借入(シンジケートローン，プロジェクトファイナンス含む)，金融機関折衝
			社債発行，CB発行，増資(公募増資，新株予約権，第三者増資(VC等含む)，割当増資他)
		資金運用	株式投資他
		外国為替取引	為替管理，為替決済，為替予約
		債権・債務管理	売上債権管理，買掛等債務管理

	経理業務	原価計算・管理	原価計算，在庫管理
		決算処理	勘定科目管理，月次等決算，連結決算，IFRS，時価会計など
		開示業務	適時開示資料作成，有価証券報告書・決算短信作成，四半期報告，事業報告書作成，招集通知作成
		税務業務	税務戦略立案，税務申告業務，連結納税，移転価格税制対応，税務当局対応
		対外折衝	監査法人対応，証券会社対応，証券取引所対応
		IPO業務	上場計画策定，経営管理体制構築，規程整備，予算制度整備など
経営企画業務	経営戦略		経営戦略立案，事業戦略立案・管理，M&A，資本政策，業務提携
	経営計画・管理		中期経営計画，年度予算計画策定・管理，経営管理月報作成
			ROE管理，資本コスト管理，企業価値評価，株式価値算定，事業評価，リスク管理，最適資本構成
			最適配当政策，投資基準設定，子会社経営管理，相対的経費削減
	IR		投資家対応，株主対応，情報開示体制の構築・運用，重要指標の設定
人事業務	人事戦略		経営戦略に基づく人事中長期計画策定，年度計画策定，人事制度見直し
	採用・配置		要員計画策定，雇用年間計画策定，新卒・中途採用業務，昇進・昇格・定期異動
	服務規程		規則・規程・協定，法廷届け出業務，労働時間・休日管理，人事評価・査定，人事情報システム
	教育・研修		教育・研修計画策定・運用
	賃金		人件費管理，業績給，インセンティブ制度構築，退職金，年金制度見直し
	福利厚生		社会保険関連，住宅・生活関連，保健衛生関連
総務業務			株式事務，取締役会・株主総会運営，固定資産管理，広報，法務業務，各種規程作成・整備
その他	情報システム		会計システム検討・導入，業務システム検討・導入(購買，在庫，販売，顧客管理など)
	その他		マーケティング，内部監査．

●CFOの役割

　もう少しCFOの役割についてもみていきましょう。

　CFOは，ROEを向上させて，企業価値を向上させることだと説明しました。

ROE（自己資本利益率）は，当期純利益を前期と当期の自己資本の平均額で除したもので，株主の投資額に比べてどれくらい効率的に利益を獲得したかを判断する指標です。日本企業のROEは，世界に比べて低く，その主な要因は，事業の収益力の低さによるものです。

また，ROEは，売上高当期純利益率（当期純利益/売上高）と総資産回転率（売上高/総資産）と財務レバレッジ（総資産/自己資本）の積に分解できます。

ROE ＝ 売上高利益率 × 総資産回転率 × 財務レバレッジ

つまり，利益率の高い製品を開発し，既存製品のポートフォリオを見直し，サプライチェーンマネジメントの収益性を向上させ，総資産の効率性を上げ，財務的な安定性を高めることが，CFOには求められているのです。

CFOは投資家と対話しながら，資本コストを上回るROEを持続的に追及していくことになります。

しかし投資家の中には，短期的な利益を志向する人もいます。

CFOには，短期志向の投資家の意見に押されるのではなく，会社にとって何がベストなのかを冷静に判断する力が必要です。そのためには，事業のすべてに目を配り，現場の意見とすり合わせをしなくてはなりません。短期利益を追求しすぎると，かえって投資家に不利益が生じることがあるからです。

さらに，企業が持続的に企業価値を向上させていくためには，フリー・キャッシュ・フローを創出することが大切で，そのために一番大切なことは収益力を向上させることです。他社との競争に打ち勝つ販売戦略や価格戦略を立て，現場と協力して予算管理を徹底し，利益率の向上を図りフリー・キャッシュ・フローを最大化します。その仕組みができれば自然と財務体質の改善にもつながります。この仕組みを構築する必要があるのです。

よいサイクルが回りだすと，再投資やM&A等により，さらなる拡大・成長を目指すことができます。

この企業価値成長サイクルならびにCFOの役割を表せば，**図表5**のとおりになります。このとおり，CFOはすべての項目に直接的，間接的に深く関わることになるのです。

図表5 成長サイクルとCFOの役割

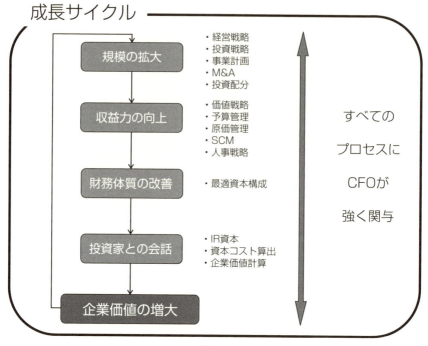

第1章　CFOになるために最低限知っておきたい基礎知識　**17**

> ■**CFOの一言：CFOの役割について**■
>
> 　以上を実践している大矢氏は次のようにいっています。
> 　「CFOは2つの役割を持っている。1つは，コーポレート部門全般の長，財務経理，経営企画および人事，法務，広報，IRなどの本社機能の組織長であり，もう1つは財務の最高責任者として事業計画や投資案件の審議と承認，投資家対応等の資本市場との対話である。」
> 　ヤフージャパンはジョイントベンチャーから日本を代表する大企業に大きく変貌しましたが，まさにアメリカ型の経営管理体制で成功した企業の1つです。

●ROEについて

　企業には多くのステークホルダー（投資家，債権者，金融機関，顧客，取引先等）が存在しています。

　CFOはその中でも，金融機関や投資家から高い評価を得るために，IRを積極的に行いますが，そもそも財務諸表の内容がよくなければ話になりません。

　企業が継続的に事業活動を行い，企業価値を生み出すためには中期的に資本コストを上回るROEを上げ続けることが重要になります。株主資本コスト（＝リスクフリーレート＋ベータ値×マーケットリスクプレミアム）は市場が期待する収益率ではありますが，絶対的な定義はありません。

　しかし，会社を計る指標としてROEを用いたROE経営は，現在のCFOに必要なスキルとなります。

　ROEは，当期純利益率，総資産回転率，財務レバレッジをすべて乗じた数値です。2014年8月に経済産業省から発表された伊藤レポートでは，ROE8％を上回ることを1つの目安にしています。つまり，機関投資家が日本企業に期待する資本コストの平均が8％未満ということになっていると想像できます。

　ROEは株主の出資したお金がどのくらい利益を生んだかの指標ですが，例えば自社株買いで短期的に数値をよくすることはできますが，過度な自社株買いは財務の安全性を損ないますので注意が必要です。ROEは中長期的な施策によって企業価値を高める必要があり，そのためにはROEを分解した当期純利益率，総資産回転率，財務レバレッジのそれぞれの数値を常に管理・改善し

て中長期的に資本コストを上回るROEを目指すことが重要です。

効率的なオペレーションによる利益率の改善を図り当期純利益率を向上させ，財務の健全性のために目標を定めた最適資本構成をコントロールしつつ財務のレバレッジを活用し，運転資本や固定資産の流動化等で資産の効率化を図ることでROEを改善させることができますので，その点で優れた管理指標といえます。

ROEの計算式

ROE	=	当期純利益率 当期純利益 / 売上高 （収益性）	×	総資産回転率 売上高 / 総資産 （効率性）	×	財務レバレッジ 総資産 / 自己資本 （安全性）

では，有名な企業のROEは，どのような数値になっているのでしょうか（**図表6**）。

図表6 有名企業のROE

企業名	ROE	当期純利益率	総資産回転率	財務レバレッジ
ZOZO	49.4%	20.5%	139.2%	1.7
ソフトバンク	21.7%	11.3%	29.4%	6.5
キーエンス	15.2%	40.0%	35.4%	1.1
トヨタ自動車	13.1%	8.5%	58.4%	2.6
セブン＆アイHD	7.5%	3.0%	109.9%	2.3
三菱重工業	3.9%	1.7%	74.9%	3.0
イオン	2.1%	0.3%	88.8%	8.2

（出典：2018年2・3月期有価証券報告書より筆者作成）

トヨタ自動車をはじめキーエンス，ソフトバンク，ZOZOは，ROE8％を大きく上回っています。当期純利益率が高い高収益企業はROEが高くなる傾向にあります。

第1章　CFOになるために最低限知っておきたい基礎知識　**19**

　また，設備産業は，総資産回転率，財務レバレッジが低くなる傾向がある中で，トヨタ自動車やキーエンスは徹底した負債・資産管理がされている様子が読み取れます。

　一方で，ソフトバンクは投資会社のごとくレバレッジを利かせて，投資を加速させ，成長を優先させていますが，当期純利益率が高いので，ROEも高水準となっています。

　安全志向のCFOではソフトバンクでは夜も眠れない日々が続くはずです。

　対して，イオンや三菱重工業は，そもそも事業から利益を生んでいないために低いROEとなっています。この2社は，まずは事業の効率性や集約等を図り，収益率の向上を目指す対策が急務です。

　このように，経営指標としてのROEは，経営の優秀性を問う指標として非常に優れています。そのためCFOは，中長期視点でROEの変化に注意しながら経営にあたり，投資家と対峙していかなければなりません。

　ここでもう一度ROEの分解式を見てください。ROEの分解式を見ると，最初の2つの項目はROAの分解式と全く同じです。

　つまりROEは，ROAに財務レバレッジを乗じた数字になるのです。

ROE　＝　ROA　×　財務レバレッジ

　上記の式からわかるとおりROEを高めるためには，「ROAを高める」，そして「財務レバレッジを高める」，の2つの方法があります。

　ROEの計算式の中にROAが包含されていることからもROAを高めることによってROEが高まりますので，その点でもROAの重要さが理解できると思います。つまり，ROEを高めるための優先順位はまずROAを高める努力をすることにあります。単にROEを高めるために財務レバレッジを高めるのは，財務の安全性を下げる意味で経営上の問題が生じる可能性がありますので，注意が必要です。

　このようにROAも効率の良い経営をしているか判断する場合の重要な指標となります。

　株主資本を基本とするROEの計算の欠陥を，負債まで考慮したROAで補完

することで，資本も負債も含めて資金が効率的に使われているか自社の経営判断がより高まります。

また最近は，ROE改善のために資産利益率を重視するROICという指標が注目されています。ROICは税引後の営業利益を投資資本で除した数値で事業に投資した資金がどれぐらい利益を生んでいるかという指標です。

このように，より良い経営管理のための指標はこれからも生み出されていくと思いますので，CFOも現状に満足せず常に最善と思われる道具を駆使して企業価値の向上や市場との対話を続けていく姿勢が大切です。

4 　CFOのスキル
——広い責任領域のスキルをどう身につけるのか

私は，これまでベンチャー企業から大企業まで2,000人以上のCFOの方々とお会いして，転職支援をしてきました。

CFOの責任領域はとても広いのですが，さまざまなCFOとそのCFOを求める企業からお話を伺ってきた経験から，CFOのスキルについてお話しします。

●ハードスキルとソフトスキル

CFOのスキルは，ハードスキルとソフトスキルに分けられます。

ハードスキルとは，主に経理スキル，財務スキル，経営企画スキル，人事スキル等です。

ソフトスキルとは，調整力，マネジメント力，リーダーシップ，コミュニケーション力，語学力などです。

それぞれのスキルは，**図表7**のとおり各成長ステージの企業で身につけることができます。

第1章　CFOになるために最低限知っておきたい基礎知識　*21*

図表7　各成長ステージの企業で獲得できるスキル

		対象企業	主な獲得スキル
ハードスキル	経理スキル	・IPOを目指し監査契約を結んでいるベンチャー企業 ・広義のベンチャー企業（小規模で上場直後の企業なども含む）	・年次決算（＋税務申告）の完結するスキル
ハードスキル	財務スキル	・成長意欲の高い企業 ・資金ニーズのある中堅企業 ・投資銀行	・資金繰りから直接・間接の資金調達スキル
ハードスキル	経営企画スキル	・グローバル展開している企業 ・コンサルティング会社（戦略系，FAS系，業務系など）	・未来を予測し，課題発見から解決方法提案に至るスキル
ハードスキル	人事スキル	・成長している中堅企業	・経営戦略に沿った人事戦略策定・実施スキル ・人事制度の構築スキル
ソフトスキル	マネジメント力等	・ベンチャー企業 ・バイアウトファンドの投資先 ・再生モードの中堅企業	・マネジメント力，リーダーシップ，コミュニケーション能力 ・結果を出す力
ソフトスキル	語学力	・外資系企業（公用語が外国語，できたら本国で） ・公用語が英語の日系企業 ※留学または外国語学校	

　ハードスキルはどうやって獲得していけばよいのでしょうか？　具体的に各スキルについてみていきましょう。

●ハードスキル

① 経理スキル

　経理スキルに関する主な業務は，原価計算・原価管理，決算業務（連結含む），時価会計，減損会計，金融商品会計，IFRS会計，税効果会計，開示資料作成，勘定科目管理，税務申告業務（連結納税含む），移転価格税制，国際税務などがあります。

　これらのスキルは，業種・業態の違いや，上場企業か非上場企業かによって，

経験できる範囲が異なります。

　利益に直結する原価計算・管理のスキルは，メーカーで経験することができます。また，バイオ業界や業務受託型のIT企業，建築業界の場合，複数のプロジェクトが同時に走るため，原価管理の考え方・仕組みを理解する場としては最適です。

　そして，経理スキルの70％位を制するといっても過言ではない，決算処理（連結含む）は，監査法人の監査を受けている会社の経理部門で身につけられるスキルです。未上場企業の決算と上場企業の決算では，目的も適応される法律や規則も異なるため，レベル差があります。決算を自分で締められるようになっておくとよいでしょう。

　連結決算の経験は，子会社がある上場会社で習得することができます。

　未上場企業は，税務当局を意識して極力利益を出さない方向で決算調整しますが，上場企業の場合，投資家保護の観点から監査法人の監査を受けて正しい決算処理が求められます。その意味から，経理業務は上場企業で身につけるべきスキルです。難しい場合は，上場を目指して監査法人の監査を受けているベンチャー企業をおすすめします。

　上場会社の決算処理ができるということは時価会計，減損会計等ができることを意味していますが，また意外に税務申告業務ができない人がいます。近年成長戦略の１つとしてM&Aが主流となっていますが，税務を知らなかったことによる余計な税金の支払いが発生することになりかねません。それに限らず税務戦略は企業価値の向上のためにますます重要性が増しているので外部の専門家任せにならず，積極的にそれに関与していくことが大切です。

②　財務スキル

　財務スキルに関する主な業務は，資金調達，資金運用，キャッシュ・フロー管理，キャッシュマネジメント，外国為替取引，債権・債務管理，資本政策，格付け等があります。

　特に重要な資金調達は，上場企業で経験することができます。

　上場前の信用力の低いベンチャー企業の場合は，資金調達の手段が，信用保

証協会付きの借入か，ベンチャーキャピタルからの出資に限られます。

　対して，大企業の場合は，ROEを意識した最適な調達が可能です。増資だけでも，公募増資，株主割当増資，第三者割当増資があり，銀行借入でも短期プライムレート融資やスプレッド融資，コミットメントライン，シンジケートローン，プロジェクトファイナンスなどがあります。また，社債やコマーシャルペーパーを発行して調達することもできます。さらに成長の手段としての企業/事業買収の際のLBOローンの経験も積むことができます。このように信用力のある大企業の場合，調達手段はその目的に応じて多数あるので財務のスキルを身につけるには絶好の場といえます。

③　経営企画スキル

　経営企画スキルに関する主な業務は，経営戦略立案，経営管理，経営計画策定，IR等があります。会社の現状を分析し，課題を見つけ，解決を提案し，プロジェクトを立ち上げ，解決にあたるという一連の能力が求められます。

　この分野はグローバルに展開している大企業の経営企画部門，戦略系コンサルティング会社，投資銀行でのコンサルティング部門の出身者が素晴らしいスキルを持っています。

　CFOは未来に対する視点が絶対不可欠で，それを鍛えてくれる場所（企業）としてはそのような企業がベストです。

　会社を分析してどのような課題があり，それをどのように解決すべきか提案して，場合によってはプロジェクトを立ち上げ解決にあたるという一連の業務を数多くこなすことができるという点でもそれらの企業には優位性があります。

　最近，私のもとへ転職相談にいらっしゃる方の10人に1人がMBA保持者です。ほとんどの方が，ビジネススクールに自費で留学，通学しているため，意識も高く，企業評価，事業戦略，経営戦略などに対する知識レベルが高いです。中堅・中小ベンチャー企業で実践を積めば，早期に経営企画スキルが身につくでしょう。

④　人事スキル

　人事スキルに関する主な業務は，人事戦略，採用，服務規程，教育・研修，

賃金，福利厚生がありますが，「組織は人なり」の言葉どおり，人に関する仕組みで会社は成長もすれば衰退もします。CFOは人事業務に関するプロフェッショナルではありませんが，人事戦略は積極的に関わらなければならない分野です。

　例えば再生企業のCFOの場合，希望退職や賃金制度の見直し，新人事制度導入，中途採用は知らないでは済みません。企業が再生するためには財務のリストラと同時に人に関する大改革がどうしても避けて通れません。

　ではどこで身につけられるのか，労働集約的な成長中堅企業や成長しているITベンチャーで既にCFOであれば人事部や外部の人事コンサルと一緒になって人事戦略を構築するチャンスに巡り合えます。しかし財務や経理の担当や責任者だった場合はどうすればよいのか，例えば社内に人事制度導入に関するプロジェクトが立ち上がったら，それに積極的に参画するのも1つの手です。このように成長企業の場合，常に人に関する悩み（モチベーション向上，採用方針，インセンティブ制度，人事評価等）はつきないもので，その都度，プロジェクトが社内で起こっていますので積極的に参加すれば考え方，スキルを身につけることができるでしょう。

●ソフトスキル

　ハードスキルの獲得方法については一通り説明しましたが，一方でソフトスキルはどうやって身につければよいのでしょうか。

　ソフトスキルは生まれつきの才能より，後天的な要因の方が大きいので意識して積極的に身につけていって欲しいものです。

① リーダーシップ，マネジメント力，コミュニケーション力

　CFOは過去の数字をまとめて発表し，未来を見て計画を練り，リスクが現実化しないように常に気を配っています。そして株主やアナリスト，取引先，ひいては社内からの問い合わせや要求に応えていかなければなりません。このようにCFOは常にプレッシャーを受けており，その重圧に負けない強い意思と楽観的な情熱がCFOには欠かせないマインドとなっています。

　ある経営コンサルかつ企業再生のプロフェッショナルの人が「修羅場を経験

しろ，人はそれで成長する」とおっしゃっています。安定と平穏の中では，リーダーシップやコミュニケーション力，そしてマネジメント力はなかなか身につきにくいようです。

私のもとへ転職相談に訪れる方の中には，「業績が悪化したから」，「上司に評価されないから」，「上司との相性が悪いから」といったネガティブな退職理由を述べる方もいます。このように自分で何かを変えようとせずに，単に逃げているだけの方は，次の会社でも同様な理由で退職する可能性が少なくありません。

どんな会社にも，好調・不調の波はあります。そうした経験を糧に，自分の力を高めていける方が多くの企業で求められていると思います。

また，ご自身の評価が低いのは，他人や企業との相性のせいではなく，自分の能力不足の可能性を振り返ってみてもよいのではないでしょうか。

私からすると，こういった方たちはソフトスキル（マネジメント力等）を獲得する機会をみすみす放棄しているように思えます。

もし，あなたがCFOで，会社の業績が悪化し，大規模なリストラを実行する立場になったとしたらどうしますか。もちろん前提条件なしで考えてみてください。このような場合，一般的には社内で優秀といわれている人から退職します。そして，社内は混乱，落ち着いて業務どころではなくなってしまいます。そのうち銀行から追加担保の要求や返済要求，取引先からは取引条件の見直し等，要求の嵐の中で会社存続のために働くことができますか。再建計画を作り債権者や株主に提案しなければならなくなるかもしれません。そのような苦労を自ら勝手出る人はほとんどいません。

でも，よく考えてみてください。確かに成長している企業で，その経験は生かされないかもしれません。しかし，人間の本質，取引の本質を身をもって経験できるチャンスです。そしてそのような修羅場を経験することで胆力やマネジメント力，リーダーシップ，コミュニケーション力の向上につながるはずです。

しかし，そのような場は自分の意志とは関係ない偶然性に負うところが多いので，もし自分の在籍している会社でそのような状況になった場合は滅多に経験できないチャンスだと考え，逃げずに最後までやり抜く選択肢をもって欲し

いです。

　ベンチャー企業では，そういった経験ができます。ベンチャー企業は，ハードスキル（特に経理スキル）とソフトスキル（マネジメント力等）の両方を身につける場として最適です。創業者の社長は，強烈な個性を持ち，市場をこじ開けるために日々奮闘しています。朝令暮改は当たり前で，指示・命令は多く，突然のM&Aの実施など，修羅場に似た状況が続きます。こういったことに対応していると，気がついたときには，調整力，マネジメント力，コミュニケーション力などが鍛えられているのです。

　ベンチャー企業はスキルアップの場として，最適であることを知ってください。

②　英語力

　次に，簡単に英語力について触れたいと思います。

　弊社ではベンチャー企業や上場会社，バイアウトファンドの投資先（最近はほとんどが事業承継）のCFO案件を数多く扱っていますが，この20年間でグローバル化の波は，大手企業だけでなく，中小・ベンチャー企業にも押し寄せています。「アメリカで創業」，「取引先の90％が海外企業」，「海外に子会社を設立」するといったことが現実に起こっています。したがいまして，英語力なくしてCFOがつとまらないケースが増えてきました。

　我々が扱っているCFOのご紹介案件を集計すると，ベンチャー企業の35％程度が上級の英語力を求めています。

　では，この英語力はどこで身につけたらよいのでしょうか。

　あとで登場するCFOの１人である石橋氏は，インテルのアメリカ本国の事業部コントローラーに就任するにあたって，ネイティブ並みの英語力を必要とされ，大変苦労されたそうです。

　石橋氏の場合は，海外留学で英語力を鍛え，さらに本国の外資系企業で磨きを掛けました。英語学校に通うなどの普段の努力も大切ですが，やはり一番手っ取り早い方法は海外留学や本国の会社に就職することです。それが難しい場合は，社内の公用語が英語の日系企業や外資系企業でトレーニングすることがよさそうです。

英語力の強化は，これからグローバルで戦っていくうえでは，避けて通れない大きな課題です。

●マネジメントとリーダーシップの違いについて

ソフトスキルの中でも特に重要なマネジメントとリーダーシップについてもう少し詳しく説明します。

私は，これまでに2,000人以上のCFOやCFO予備軍の人とお会いしました。中には，ハードスキルは高いもののソフトスキルが低く，CFOとして失敗した人，CFOになれない人がいます。

マネジメントとリーダーシップという言葉を混合して使っているケースがありますが，異なるスキルであるため，注意が必要です。

財務や経営における目標を達成するために，計画と予算と組織を作り，具体的な行動計画に落とし込んで管理をしていくスキルがマネジメントスキルです。

対して，社員の価値観が多様化する中で，やる気を奮い立たせ，目標に向かって進めさせ，1つにまとめるスキルがリーダーシップです。

ベンチャー企業が上場を目指しはじめたフェーズでは，マネジメントよりリーダーシップが問われます。

アーリーステージを抜け上場直前期のフェーズでは，マネジメントが問われるようになります。

上場スケジュールに乗ると，内部統制，予実管理，各種制度の運用，人事管理等，テクニカルな業務が増え，組織としての振る舞いが重要となりマネジメントが必要になります。

しかし，社員の気持ちを1つにして目標を達成させるためにリーダーシップも必要です。

これからご紹介する10名のCFOも，個性豊かで人間的魅力にあふれています。

自分の弱点を隠さない，自分らしさを表に出す，話が明確，直観力がある，修羅場を経験してタフ，部下に厳しくもやさしいといった共通点が挙げられます。

これらは，ハーバード・ビジネス・レビューの「共感のリーダーシップ」に掲載されているリーダーの資質と一致します。

マネジメントとリーダーシップ，どちらが欠けてもCFOはつとまりません。

リーダーシップがないのに，過剰なマネジメントに走ってしまうと，一時的に組織が1つの方向に動いたとしても，長続きしません。部下の離反にあい，組織が徐々に弱っていってしまうでしょう。過剰なマネジメントは，現場も管理部門も委縮してしまいます。現場は本部の目だけを気にするようになり，お客様をおざなりにして，売上も減少してしまいます。

では，マネジメントやリーダーシップは生まれつきのものでしょうか。

それとも経験・学習で身につけられるのでしょうか。

私の経験則的にいえることは，それらのスキルは生まれつきというより，自ら厳しい変化の中に飛び込んで，そこで学習して身につけたものだと確信しています。

それは大企業1社で獲得できる場合もあるかもしれませんが，本書に登場する10名は複数の企業を渡り歩いているのを見るにつけ，若い内に企業文化の違うところで大きな試練に遭遇して変化に対応することの大切さを学び，リーダーシップを身につけていったと思われます。そして目標を達成するために組織を作り，規則を作り，PDCAを回しながら数多くの失敗を積み重ねてマネジメントを学んでいます。

10年以上前，ある日本を代表する大企業が100人のCFOを育てるプロジェクトをスタートしました。若い内からいろいろな経験をさせて，将来の経営幹部を育てるプログラムです。やっと大企業でも真剣に人を育てるプログラムを始めたかと期待していましたが，プロジェクトリーダーがアクシデントで不在となったとたんに，そのプログラムは休眠状態となってしまいました。このプロジェクトリーダーは，変化の激しい時代をいち早く予測して，変化に対応できる人材を育てる重要性を認識していた優秀な方でした。このプロジェクトはマネジメント教育より変化に対応できるリーダーシップ教育に重点を置いていた点で非常に意味深いものでした。

組織の中で仕事をしている限り，今日が昨日と同じということはなく，常に問題は発生しています。その問題をどのように解決するのか，マネジメントと

リーダーシップの違いを意識して対処する訓練を積み重ねることが大切です。

5 CFOへのステップ
──具体的な事例を交えて

　現実的に，短期間のうちにどのようなステップでCFOに必要なスキルを身につけることができるのでしょうか。

　私は人材紹介会社として転職のサポートをしていますが，実は転職せず１つの会社で経理スキル，財務スキル，経営企画スキルなどを獲得できることが理想です。大企業の中には優秀なCFOを育てるとの明確な目的をもって人材育成をしているところもあります。しかし，それは稀で，有価証券報告書の役員の略歴で大企業のCFOの社内履歴を見ていただければわかるとおり，ハードスキルはかなり偏っています。

　組織が大きくなればなるほど，財務閥，経理閥，経営企画閥というように縦割りになり，理想とする総合的なハードスキルを身につけることは難しいのが現状です。

●多様化するCFOへのステップ

　そこで本気でCFOを目指す人は，社外にスキルアップのためのチャンスを見出そうとします。

　本書の10名のCFOの履歴をご覧いただくとおわかりになるかと思いますが，CFOへの道は１つではありません。

　ミサワの鈴木氏のように保険の営業からキャリアをスタートして30歳を越えてCFOへの道を歩みだした人もいます。彼は沈着冷静で，自分の弱点をさらけ出す勇気があり，コミュニケーション能力が高い方です。営業経験が，彼の謙虚さと相手への思いやりを育て，ソフトスキルとなって開花したのでしょう。

　また元エランの渡邉氏の場合，大手メーカー→大手監査法人→（出向）大手証券会社→IPOコンサル会社→ベンチャー企業（エラン取締役CFO）というス

テップでCFOになって大活躍しました。一見すると遠回りしてCFOになったように見えますが，すべての会社での経験がエランを確実にマザーズ上場へ導き，最短で東証一部への市場変更を可能としました。特にIPOコンサル時代のクライアントのために何でも積極的に対応するというスタイルが上場前から上場後のすべてのステージに生かされているといいます。

このように現実にはCFOへの道は無数にあるのです。

今の時代，経理や財務そして経営企画に加えて＋α（特にソフトスキル）の経験がCFOとしてその役割を全うするために重要になってきています。

●具体的なキャリアプラン

本書ではCFOへの道は無数にあることを前提にしながらも，CFOスキルを身につけるためのキャリアプランを１つ示したいと思います。そして，そのキャリアプランに照らし合わせて，自分のキャリアに修正を加えながらCFOを目指してください。

これもあくまで一意見に過ぎませんが，大学を卒業して大企業に就職した場合，最初に経験する部門はどこがいいのでしょうか。

結論からいうと，財務部門か経理部門です。可能であれば，財務部門からがおすすめです。

私にCFOや投資ファンドとは何なのか？　を指導してくれたデルタウィンCFOパートナーズ創業者の安藤秀昭氏はCFOになるため社会人になって最初に経験すべき部門は大企業の財務部門だといいます。

① まずは財務部門へ

確かにそのとおりであり，企業価値の向上が経営陣たるCFOのミッションだとすれば，過去の数字を追いかける経理部門より，資金調達やキャッシュ・フローの最大化，その資金を使った投資実行等の経験を通して未来志向の考え方とスキルの獲得ができる財務部門がベストです。企業価値向上という命題を達成するためには現状を正確に把握することも大切ですが，未来志向のファイ

ナンススキルは若いうちに経験することが肝要です。財務諸表の作成等の経理スキルは中小ベンチャーでも経験できますが，資金調達等のファイナンス業務は大企業でしか経験できないというのも財務部門をおすすめする理由の1つです。

　そして財務部門で財務業務を一通り経験するのに要する時間は概ね7年〜10年です。意外と財務スキルの習得には時間がかかります。ルーチン業務は限定的ですがプロジェクト的業務（増資や格付け，設備投資，資本提携等）はそんなに頻繁に発生するものでもないので，そのような時間軸になってしまいます。

②　次は経理部門へ

　そして，次は経理スキルです。この経理スキルは財務スキルと逆で企業が大きくなるほど業務とその部門が細分化されてしまい，いつまでたってもスキルの習得ができないのが大企業です。

　例えば大企業では，単体決算業務，連結決算業務，開示資料作成，税務申告業務，原価計算等の専門部署がそれぞれあり，その部署でプロフェッショナル人材として活躍しているので，基本異動はありません。仮に異動できたとしてもすべてを経験できるのに20年以上の時間を要してしまいます。それではCFOを目指す人には致命的な時間ロスとなってしまいます。

　そこで思い切ってスキルアップのため社外に出る決心をするのですが，そのときの選択肢は複数あり迷います。同じような大企業，中堅企業，ベンチャー企業などの中からどこを選択するのか，自分の不足している経理スキルはどこで補えばいいのか。

　しかし，30歳になって大企業で未経験の経理担当者を採用することはまずありませんし，業務が細分化されている大企業に行っても目的を達成できません。残るは中堅企業かベンチャー企業ですが，中堅企業の場合，大企業より1つの部署で複数の業務をしている場合があるのでその点ではいいのですが，未経験で採用されとしても，経理組織が案外硬直化していて50歳代の部長，40歳代の課長，そして係長，担当という10人ぐらいの年功序列的な組織で働いても基本の経理スキルを習得するのに15年程度の時間を要してしまいます。

そして同時にソフトスキルであるマネジメント力やコミュニケーション力をつける場所としては不向きです。

③ ベンチャー企業で経理スキルを

そうです，そのときはベンチャー企業を選択の候補として挙げるべきなのです。しかしベンチャー企業といってもやはり上場を目指して，監査法人の監査を受けている企業を選択してください。監査契約を結んでいるベンチャー企業であれば，会計処理については上場会社並みに会計監査を受けるので，未上場会社の税務会計スキルに比べて格段に経理スキルが向上します。

しかも，例えば100名の組織でも経理は多くて3名程度で資金管理等を含めた財務業務まで行っているので，1人の責任業務範囲は広く，やる気さえあれば早くて3年程度で経理の重要業務である決算業務，税務業務，開示業務（決算短信，有価証券報告書等）を身につけることができます。

また，ベンチャー企業以外にも，規模の小さな上場企業も同様な理由で選択肢の1つとしてください。上場はしたが，経理体制がまだまだ脆弱な上場ベンチャーは多く，採用意欲も高いので，修行の場としての選択肢の1つになり得ます。

このようにベンチャー企業は経理のスキルアップを目指す人には最高の場を提供してくれます。しかし，ここで注意しなければならないことは，上司となるCFOや経理部長が経理について深い知識と経験があればいいのですが，創業メンバーの1人が流れでCFOに就任している場合があります，そのような場合は，上司に頼るのではなく，自ら勉強しながら監査法人と積極的に協議を重ねてスキルを高める努力が必要です。

この点についても10名のCFOの経歴が参考になると思います。

④ 経営企画スキルのためにコンサルティング会社へ

実は，大企業の財務からベンチャーや上場ベンチャーへ経理業務のスキルを身につける選択肢と，若いうちだからできるもう1つの道があります。それがコンサルティング会社です。

前述のとおり，経営企画業務の代表的な経営戦略や経営管理は戦略系コンサ

ルティングファームやFAS（ファイナンシャルアドバイザリーサービス）または投資銀行のM&Aや財務アドバイザリー部門で経験できます。しかし誰でも望めば行けるという職場ではありません。しかし，若いうちは，それに挑戦するのもCFOを目指すうえで1つの選択肢です。

　最近はベンチャー企業でも戦略系コンサルティングファームや投資銀行出身者がCOOやCFOになっているケースが散見されますので，そのようなベンチャー企業に転職して，彼らの考え方，問題解決手法を学ぶのも1つの方法かもしれません。

⑤　ベンチャーCFOへ挑戦

　こうしてキャリアを積み，31歳〜35歳ぐらいになるとベンチャーCFOに挑戦できます。ベンチャーの社長は20歳代〜30歳代が多く，ポテンシャル採用もあるぐらいですから，それに比べたら全く問題ないハードスキルを持っているので，CFOにぜひ挑戦してもらいたいと思います。

　あとで登場するCFOの薛氏，藤田氏は26歳，28歳でCFOに挑戦して成功しています。

　実はポジションが先行しても，その人の情熱とやる気でスキルは後から追いついてくるものです。それが理屈と現実の大きな違いです。

　自分はまだ修行した後にベンチャーCFOに挑戦したいと考えれば，さらに経理スキルと経営企画スキルの両方を経験し34歳〜40歳ぐらいでベンチャーCFOを目指しても構いません。そのときはどんなベンチャーでも立派にCFOがつとまるレベルに達しています。

　そしてベンチャー企業で3年〜5年，オーナー社長の下，強烈な難題を投げかけながらも良きパートナーとして，リーダーシップをもって経営管理体制を構築して見事上場し，上場後もIRを通じて企業価値の向上に努めた経験をもってすれば，次の段階に挑戦するキャリアも見えてきます。

⑥ バイアウトファンドの投資先CFO

　あとで登場するCFOの１人である石橋氏が，バイアウトファンドの投資先のCFOとして，２社を再生に導いているのでぜひ参考にしてみてください。詳細については後ほど述べたいと思います。

　「人生100年時代」といわれる中，健康的に長く社会に貢献するためにも，自分のハードスキルとソフトスキルを計画的に高めることが大切です。

●キャリアプランの一例

　それではこれまで述べたことを図表８にまとめてみました。これはCFOスキルを身につけるためのキャリアプランの一例です。

図表８　キャリアプランの一例

ステップ	経験企業	所属・担当部門	経験年数	主な獲得スキル	想定年齢
1	大企業	財務部門	6-8年	財務スキル (特に資金調達スキル)	28-30歳
2	・ベンチャー企業 ・小規模の上場企業	経理部門	3-5年	経理スキル (特に決算スキル)	31-35歳
	または ・コンサルティング会社 (戦略系・FAS・投資銀行)	コンサルティング部門	3年	経営企画スキル (特に経営戦略スキル)	34-38歳
3	ベンチャーCFO	・経営メンバー ・CFO本部	3-5年	・リーダーシップ ・コミュニケーション力 ・IR	37-43歳
4	バイアウトCFO 中堅企業CFO	・経営メンバー ・CFO本部	3-5年	・強力なマネジメント力 ・企業価値向上スキル ・高度な経営戦略・財務戦略の策定スキル	40-48歳
5	次はプロ経営者としてのCFO，さらにはCEOやCOOに挑戦				

これに比べて後段に登場する10名のCFOの経歴を見ると明らかに違うので，CFOへの道は1つではないことを実感すると思います。

あえてキャリアプランを図で表しましたが，現在，思いどおりにキャリアの構築ができないと悩んでいる人，CFOへの道が見えない人には10名のCFOの履歴書と一緒にこのキャリアプランを見て軌道修正をする，または自信をもってCFOを目指して欲しいものです。

6 CFOの成長ステージ別スキルセット

企業の組織の大きさや業種業態，成長ステージにおける問題の優先順位によってCFOに求められるスキルは異なっています。ベンチャー企業，大企業，外資系企業，中堅企業に分けてみていきましょう。

●ベンチャー CFOのスキルセット

ベンチャー企業はオーナー社長の突き抜けた営業力や開発力そして事業モデルの優秀さを携えて上場を目指しますが，もともと，営業出身，技術者出身，学生ベンチャーということで市場の開拓，新製品の開発にはめっぽう強いのですが，一方で財務や経理や経営管理に無頓着でコストセンターだと決めつけて理解を示さない社長が多いのも事実です。そして人の出入りも激しく組織が安定しない状態で，CFOとして上場に向けた経営管理体制を構築していかなくてはなりません。完璧主義者ではまずやっていけないのがベンチャー企業です。

ベンチャー企業の大きな問題点を挙げれば次のとおりです。CFOはそれぞれに責任をもって解決に当たらなければなりません。

① 月次決算に始まる年次決算の早期化と精度の向上

一般的に月次決算や税務申告は外部の税理士事務所に丸投げで，遅いところでは当月の決算が2カ月後という会社も多く見受けられます。まずは上場に向けて翌月5日から7日までには月次決算が完成するように関係部署に業務フローの変更や標準化を要請し，決算の早期化と精度向上を図ります。

② 予算制度の構築や管理会計の充実

　社長は先頭に立って売上を作っているので，直感で大まかな損益を把握しています。2カ月後に出てくる正式な財務諸表と直感数字に相違がないことで自分の直感をさらに信じて，管理会計の重要性を認識しない，予算制度の構築を疎かにするという悪循環に陥ってしまいます。そこで，CFOは過度な資料作りに注意しながらも関係部門を巻き込んで最低限の経営管理資料を作り，正しい数字による現状分析による課題の抽出とその解決に向けたPDCAを回す仕組みを，社長に説明・納得させる責任があります。

③ 投資家を納得させる事業計画書の作成と資金調達

　ベンチャー企業が成長するためには資金が必要です。スタートアップ企業では，社長が事業計画を作成して投資家回りをして資金を集めていますが，事業が動き出すと1人ですべてを掛け持つには限界があります。CFOは，ベンチャーキャピタルや事業会社が納得する大胆な資本政策や事業計画書を作成して，社長に代わって投資家回りを行う場合があります。そして，調達した資金の管理と株主への定期的な説明も行います。

④ 採用業務，労務管理，人事制度，総務業務

　上場を目指しているベンチャー企業の場合，意外と時間をとられるのが採用業務，労務管理，人事制度，総務業務です。ベンチャー企業は残業時間が多く，赤字が続いて不安になって退職する人も多く定着率が悪いので，年中採用を掛けています（非常に非効率）。また，社長の一存で待遇を決めている会社は，新たに人事制度の導入を迫られる場合もあります。取締役会，株主総会，株式事務等，上場に対応した業務も格段に増加します。CFOは，そういったことへの対応と仕組みを作ることになります。

⑤ 社長との関係構築

　上場前のベンチャー企業は，単一でシンプルな事業モデルのため，社長が1人で経営戦略を考え，CFOはそれ以外の業務を遂行するという役割分担をするケースが多いです。

第1章　CFOになるために最低限知っておきたい基礎知識　**37**

　以前，上場ベンチャーのCFOに，社長との関係をインタビューしたときに，次のような回答がありました。

・社長のビジョンと思いを形にするように心がけた
・社長との頻繁なコミュニケーションと情報提供を欠かさないことが大切である
・社長は重圧を抱え，孤独であるということに対する理解が良い関係を作る前提になる
・主従関係は問題外だが基本的に社長の考え方を尊重すると良い関係になる

　またある人はこんな表現をした人もいました。

・社長との関係は煮えたぎった鍋を頭の上に載せている状態でした

　これは大袈裟としてもベンチャーのCFOとCEOは緊張関係にあることは確かで，それを乗り越えた人は精神的にタフで情熱的な人が多いように思います。

　以上のように社長との関係を含めてベンチャーCFOはすべての業務にかかわるので本来のCFOに一番近い存在ともいえます。

■CFOの一言：CFOに必要なスキル■

　執筆者の吉田氏はベンチャーCFOに必要なソフトスキルを面白く表現していますのでご紹介します。
- 知力・体力・時の運
- コミュニケーション能力
- コンタクト・フリーな人的ネットワーク
- ビジネスリスク把握のための嗅覚
- 自分自身の原理原則をもつ（説明責任が果たせるのか）

　そして薛氏はいいます。

「経理・財務系スキルを軸にそれに付随するさまざまな分野のスキルを身につけていくことです。重要なのは自らチャンスをつかみにいくという姿勢です。そのため自分の仕事の範囲を限定しないで，やれることは何でも挑戦するというマインドは絶対に必要」

●大企業CFOのスキルセット

　前述したとおり，大企業のCFOのスキルセットは偏っています。CFOが管理部門すべてを統括していたとしても，組織が大きすぎるため，各部門の決定権限者には担当役員を配置しているケースが多いです。大企業のCFOに共通して求められるスキルをご紹介します。

① IR

　株主，金融機関等のステークホルダーに対する情報発信と対話を行います。

② リスク管理

　多様なビジネスを展開しており，企業価値の向上を阻むリスクが点在しているので，そのリスクマネジメントを行います。

③ ガバナンス（グローバル）体制の再構築

　海外売上高の比率が年々増加する中で，地域の特性を加味しながら共通の理念，ルールを徹底します。

④ フリー・キャッシュ・フローの最大化

　資本市場からの資金調達以上に，将来にわたって生み出すフリー・キャッシュ・フローがどれだけあるか，そのためには現在の財務効率や投資活動に至るルールの再検討，見直しにより一層のキャッシュ・フローを作り出す役割があります。

　以上のように主な役割を遂行するために絶対必要なスキルは財務スキルで，できたら経営企画スキルも身につける必要があります。

また大きな組織のため関係部門との調整が必要で，そのためには部下である各担当役員とのコミュニケーション・調整能力も大企業のCFOにとっては重要なスキルとなります。

私がこれまでお会いした大企業のCFOの多くは，紳士的で余裕と自信をもったコミュニケーションをします。彼らの報酬は3,000万円～6,000万円ぐらいで経済的にも恵まれているという背景もあるかもしれません。

●外資系企業CFOのスキルセット

外資系企業のCFOは，CEOの最も重要なパートナーとして，管理部門全体を統括しながら経営責任を負います。特に，短期的な年度計画を達成することへの責任が大きく，そのための権限が与えられています。予算達成のために，管理部門に限らず，すべての部門長に働きかける役割があります。

例えば，メーカーの場合，CFO自身は技術に関しては詳しくなかったとしても，事業部と戦略を一緒に考え，事業計画に落とし込み，収益性を予測しなくてはなりません。

このようにCFOは，必然的に財務会計（過去）より管理会計（未来）に多くの時間と戦力を注ぎ込むことになります。CFOは予算達成のため，その事業にあったCFO組織を作り，経営指標の実績値と予測値を適時に把握するための各種のレポートを作成して現状分析から見えてくる課題解決のため，全体最適となる意思決定を推進します。まさに経営管理をしているのがCFOです。

そして，ベンチャー企業や大企業と同様に，関係部門と協力して目標を達成するソフトスキルも求められます。どんなにハードスキルが優秀であっても，ソフトスキルがなければ，社内で昇進はしない現実もあるようです。

このように外資系企業のCFOは，経営管理スキルと，数字に対するコミットメント，そして，周囲と協力をしながら課題を解決する人間力が求められています。

あとで登場するCFOの1人である石橋氏と話していると，教養，豊富な知識・スキルに加えて，素晴らしい人間力を心地よい風圧として感じます。自分の意見をしっかりと相手に不快のないように伝え，深い議論がしたくなる雰囲

気を作り出しています。生まれもった性格だけでなく，インテルでの経験によるところも大きいと思います。

①　年度予算の必達
　期初前から経営戦略，事業戦略の立案に参画し，数字に対するコミットメントを求められます。

②　業績管理
　年度予算を達成するため，各種の分析レポートの作成や現場の課題の解決をはかります。

③　CEOのビジネスパートナー
　ビジネスパートナーとしてCEOを支え，経営戦略を立案し，CFO組織全体で，予算達成を目指す役割を担っています。

●中堅（成長）企業CFOのスキルセット
　ここでは，中堅企業を，革新的な商品，サービスが市場で受け入れられて（上場するなど）急成長し，ベンチャー企業の領域を超えたオーナー（起業家）企業としています。
　ところで，新規上場企業の社長の平均年齢は何歳かご存知ですか。
　最近は，ベンチャー企業の社長の低年齢化がマスコミで取りざたされていますので，30歳代や40歳代と思われた方もいらっしゃるかもしれません。しかし，この20年間ほとんど変化はなく，51歳前後です。意外に思われた方も多いのではないでしょうか。
　つまり気力・体力がピークを過ぎたころに上場しているのです。そして上場して知名度と信用度が上がり，取引先の拡大，質の良い人材の獲得がこれまで以上に簡単になり，そのうえで調達した資金で次の成長を目指すわけです。当然若いCEOのパートナーとなるベンチャー企業のCFOとは異なった役割になることが想像いただけると思います。

① 組織の再構築

　一般的に上場前からいる社員と上場後に入社した社員の間には見えない壁があります。上場前からの社員には，困難を乗り越えたことによる一体感が醸成されていますが，上場後に入社した社員にはそういったことはないからです。そこで，経営理念の徹底や再定義，社員教育の導入，人事制度の改定等の必要性が生じます。また成長を阻害する要因を事前に取り除くのはリスク管理の観点でもCFOの重要な役割です。

② 成長戦略の構築と実行

　上場までは，証券会社の指導によって，主要事業に戦力を集中させますが，上場後は，株主価値の向上や持続的成長が求められます。CFOは，新事業を作る，M&Aをするなど，CEOと一緒に成長戦略を考えて，実行していくという新たな役割が求められます。

③ IR

　上場までは，特定の株主への報告のみで問題はありませんでしたが，上場後は，不特定の株主や見込み株主に適時適切な情報開示をする義務が生じます。また，株主の求めている投資利回りを上回るリターンを提供するためにも，自社の企業価値を常に把握できる体制を作っておく必要があります。

●成長ステージ別CFOのハードスキルとソフトスキル

　成長ステージ別にCFOのスキルを比較すると図表9（次頁）のようになります。

図表9 成長ステージ別 CFOのスキル比較

ステージ	ハードスキル			ソフトスキル		
	財務・経理スキル	経営企画等スキル	人事スキル	リーダーシップコミュニケーション力等	英語力	主な人物特性
ベンチャー企業	◎ （経理スキルが重要でしたが最近は資金調達能力が問われだしている）	○ （大型ベンチャーが数多く設立され重要度が増している）	△ （採用には苦労するが特に高いスキルは必要ない）	◎ （社長との円滑なコミュニケーションができることが必須）	△→○ （以前は必要なかったがここ10年ぐらいでベンチャー企業の35%でビジネスレベルの英語力が必要となってきている）	・仕事量の多さに充実感を感じられる人 ・オーナー社長の暴走（不法行為を除き）に付き合える人 ・激しい変化を楽しむぐらいの心構えのある人
中堅成長企業（上場後の第二の成長期を想定）	○ （財務スキルは◎で成長戦略としてのM&Aやそのための資金調達，投資配分戦略スキルは重要）	◎ （企業価値向上のためのスキルとして非常に重要）	◎ （成長のための人材戦略は経営戦略と密接に関係しており，CFOといえども一緒に考える必要がある）	◎ （高い対外的コミュニケーション能力）	△→○	・経営理念の定着，再定義による成長戦略の構築力と実行力のある人 ・組織が混乱しても強いリーダーシップを発揮してそれを収束できる人 ・現状に満足せず成長を求める人
大企業（分権化が進み実際の責任範囲は狭くなる）	○ （経理部門，財務部門からCFOになっている人も多いので重要度の評価は難しいが経営企画スキルより相対的に低い印象）	◎ （グローバル企業の経営企画部門は経営戦略立案やIR，自社の分析を通じて企業価値を高めている）	△ （大企業には人事担当役員がいるように組織で動くので人事戦略を含めて重要度は高いがCFOとして経験の必要性は低い）	○ （大企業の特有の社内に対するコミュニケーションスキルは重要，ただしそれが他のレベルの企業に通じるかは疑問）	△→○	・個人ではなく組織で動くことを理解している人 ・協調性があり，調整能力のある人

第1章 CFOになるために最低限知っておきたい基礎知識　**43**

外資系企業	○ （大手外資系企業は経理業務を1か所に集中して管理しているため相対的に重要度は低いがコントローラー経験者がCFOになっている場合が多いので経理スキルは必須。また財務も本国以外の子会社の場合，キャッシュマネジメントのみで重要性は低い）	◎ （管理会計という言葉より経営管理・事業管理の方が近いほど，コミットメントした予算を達成させるための業績管理手法のレベルは非常に高い）	△ （予算を達成するために組織に働きかけるので，そのための人事スキルはあった方が良い）	◎ （高いコミュニケーション能力は絶対）	◎ （ビジネスレベル以上を求める）	・短期間に成果を求める風土になじめる人 ・コミットメントの意味を理解して組織に対して行動できる人 ・短期決戦だからこそ，部下から信頼される誠実な人

相対的重要度　◎…高　　○…中　　△…低

7 ベンチャー企業とは
——すべての企業の始まりはベンチャー

　これまでベンチャー企業にCFOをはじめとして経営幹部を数百名紹介してきましたが，ベンチャーの魅力は年々増していると感じています。

　ではベンチャーとは何か，これは明確な定義があるわけではありません。

　また最近ではスタートアップという言葉も使われるようになりましたが同意語だと解釈しています。

　ベンチャーというと冒険心に満ちてリスクを恐れない経営者によって立ち上げた企業とのイメージがあるので，若い人が新規に事業を立ち上げる場合が多いように想像されますが，その成り立ちはさまざまです。

●ベンチャー企業の分類

　ベンチャー企業を大まかに分類してみましょう。

①	起業家精神旺盛な経営者によって起業したベンチャー
	・学生・若手ベンチャー
	・脱サラベンチャー
②	起業に会社が関わっているベンチャー
③	大学の技術や発明等をベースに起業したベンチャー

以下，詳細をお伝えしましょう。

●起業家発ベンチャー

　まず学生・若手ベンチャーとしては，何といってもリクルート（現在はリクルートホールディングス）が有名です。リクルートの江副浩正社長が東京大学の学生時代に，求人広告という新しいビジネスを世の中に普及させました。最近では，グノシーやリブセンスなどもありますし，執筆者の藤田氏が在籍しているレアジョブもその一例です。

　脱サラベンチャーの中には女性ベンチャーとして，ディー・エヌ・エー（南場智子代表取締役会長）やパーソナルテンプスタッフ（篠原欣子元会長）が有名です。

　その他の脱サラベンチャーとしては，ファンケルやモスフードサービスがあり，執筆者の在籍していたエラン（渡邉氏）やショーケース・ティービー（佐々木氏），イントラスト（太田氏）もその一例です。

●会社発ベンチャー

　起業に会社が関わっているベンチャーには，興味深い会社や大企業が名を連ねています。

　例えば，現在は大企業になったヤフージャパン（大矢氏）やグーグルがあります。トイザらス（石橋氏）もそうです。

　企業からスピンアウトしたり，子会社ベンチャーもあります。GMOアドパートナーズ（薛氏），ヒト・コミュニケーションズ（安川氏）がその一例です。

　このように企業発ベンチャーは，小売業，飲食業，製造業，IT等，多様な

第1章　CFOになるために最低限知っておきたい基礎知識　**45**

企業が属しているのも特徴です。

●大学発ベンチャー

　単純な定義としては大学の研究をベースにした最先端の技術や発明を武器に起業したベンチャーとしています。最近では，サイバーダインやスパイバーがあります。サイバーダインは，筑波大学の山海嘉之教授が発明した技術を事業化したベンチャーで，ロボットスーツで有名です。日本で初めて，大学教授でありながらCEOとしてそのまま上場したのも日本発で当時は話題となりました。またスパイバー社は，クモの糸を人工合成に成功した慶應義塾大学の学生が起業したベンチャーで，上場前ですが既に174億円（2018年6月末現在）を調達しています。

●ベンチャー企業の分類，具体的社名

　以上の分類をまとめたのが図表10になります。

図表10　ベンチャー企業の分類

大分類	小分類	社名
起業家発ベンチャー	学生，若手ベンチャー	**レアジョブ，リクルート，グノシー，リブセンス**他多数
	女性ベンチャー	ディー・エヌ・エー，アパホテル，トレンダーズ他
	脱サラベンチャー	**エラン，イントラスト，ショーケース・ティービー，アイビーシー，ファンケル，モスフードサービス**
	スピンアウトベンチャー	**ヒト・コミュニケーションズ，カ**ブドットコム証券
	社内ベンチャー，子会社ベンチャー	**ヤフージャパン，GMOアドパートナーズ，**ソフトバンクロボティクス，
	MBO，EBO	バンテック，ワールド，すかいらーく，ポッカコーポレーション，旭ファイバーグラス，

会社発ベンチャー		USEN，2代目・3代目が有形・無形資産を有効活用して新規事業を興すベンチャー
	事業承継ベンチャー	USEN，2代目・3代目が有形・無形資産を有効活用して新規事業を興すベンチャー
	欧米企業発ベンチャー	GLADD
	新興国企業発ベンチャー	ラオックス
	中小零細企業発ベンチャー	ミサワ，第二創業として新しい分野（ロケット，ロボット等）に挑戦している中小企業
	外資ブランド企業発ベンチャー	トイザらス，グーグル，日本マクドナルド
大学発ベンチャー		サイバーダイン，スパイバー，オンコセラピーサイエンス等多数

太字は執筆者の在籍していた企業

●大学発ベンチャー企業の大学別累計起業数

1. 東京大学	245社	11. 北海道大学	49社
2. 京都大学	140社	12. 慶應義塾大学	51社
3. 筑波大学	98社	13. 広島大学	43社
4. 大阪大学	93社	14. 龍谷大学	43社
5. 九州大学	81社	15. 九州工業大学	39社
6. 早稲田大学	74社	16. 岡山大学	31社
7. 名古屋大学	69社	17. 神戸大学	31社
8. 東北大学	56社	18. 会津大学	29社
9. 東京工業大学	53社	19. 名古屋工業大学	28社
10. デジタルハリウッド大学	52社	20. 立命館大学	26社

（出典：経済産業省調査　2017年末現在）

　この大学発ベンチャーが今一番熱いかもしれません。革新性と先端性を武器に毎年100社～150社が設立され，業種もバイオ・ヘルスケア・医療機器やIT（アプリケーション・ソフトウェア），モノづくりなど多岐にわたっています。

　以前は，大学発ベンチャーは，一般のベンチャーに比べて，研究・開発型で事業化までに時間とお金がかかるマイナス要因がありました。しかし，最近では大学発ベンチャーファンドの設立も相次いでいます。大学発のベンチャーが成長しない原因が資金不足と人材不足にあり，それを支援するために国がベン

第1章　CFOになるために最低限知っておきたい基礎知識　**47**

チャーキャピタルの設立を進めたのです。

　その結果，国立大学4校に大きなベンチャーキャピタルが設立されました（東京大学400億円，京都大学150億円，大阪大学130億円，東北大学100億円）。他にも，慶應義塾大学が45億円のベンチャーキャピタルを設立し，立命館大学，名古屋大学，三重大学，岐阜大学，豊橋技術科学大学，名古屋工業大学は，保有する技術シーズを事業化するためにベンチャーキャピタルのNVCC（日本ベンチャーキャピタル株式会社）と組んでベンチャーキャピタルを設立しています。

　このように大学も研究開発に留まらず，その事業化を真剣に考え，行動する時代へと大きく変化しています。

●巨額な資金調達をしたベンチャー企業とCFOの役割

　ベンチャー企業の資金調達額は金余りとその業界での1番を目指してスピード重視の中，特定のベンチャー企業にお金が集まる傾向があります。1社当たりの調達額も3億円を超えて大型化しています。これは，10年前には到底考えられなかった現象です。

　参考までに2018年6月末現在，巨額の資金調達をした未上場ベンチャー企業の一覧（ラスクル平成30年5月，メルカリ平成30年6月に共にマザーズ上場）は次のとおりです。

　IT企業の多くが，市場を一気にとる戦略で莫大な広告宣伝費を先行投資して巨額の赤字が続いているところが多く見受けられます。

メルカリ	175億円	スマートニュース	91億円
Spiber	174億円	Sansan	84億円
freee	161億円	エブリー	84億円
Prefferd Networks	160億円	ラスクル	79億円
FiNC Technologies	100億円	ビズリーチ	51億円

　これらのベンチャー企業の場合，CFOに求められる役割も明確です。最も求められるのが，資金調達能力です。中長期の成長に向けたエクイティストーリーを描くことができるスキルは非常に重要になります。

6年ほど前，CFOを採用したいとスマートニュースの鈴木代表に会ったとき，こんな要望をおっしゃいました。「これから50億円を調達するので，それができるCFOを紹介してほしい。例えば○○の○○さんのような人をお願いします」と具体的名前を出して依頼があったときには，かなり衝撃を受けました。そのCFOはビジネスがわかり，資金調達に長けた投資銀行出身者でしたが，これまで私がイメージしていたCFOとは異なっていたからです。

しかし，その後今日まで複数のCEOからも同様な要望があり，CFO像も変わりつつあるのだとの認識を新たにしました。

8 ベンチャーキャピタルについて

私はこの16年間，プライベートエクイティ投資（PE投資）会社，いわゆる未上場企業の株式の取得・引受を行う投資会社の投資先に多くのCFOを紹介してきました。PEはその投資対象の企業ライフサイクルに応じて大きく，ベンチャー企業投資，バイアウト投資，企業再生投資の3つに分類できます。

CFOを目指す人，すでにそれなりのポジションで活躍しているCFOが避けて通れないのがベンチャーキャピタルやバイアウトファンドとのお付き合いです。投資ファンドについて悪いイメージを抱いている人は少なからずいると思いますが，CFOという職業を持ち込んだのは紛れもなく投資ファンドです。

●ベンチャーキャピタルの分類

有力なベンチャー企業で働く場合，ベンチャーキャピタルが出資していますので，否応なくその担当者と付き合わなければなりません。CFOとして間違った判断をしないために，ベンチャーキャピタルがどのように考えて出資したのか，出資後どう行動するのかを事前に知っておくことが重要です。

そこでベンチャーキャピタル（以下，「VC」といいます。本来VCファンドとは違う概念ですがここでは一緒に考えます）について説明します。

1963年に中小企業投資育成株式会社法によって設立された東京中小企業投資育成，大阪中小企業投資育成，名古屋中小企業投資育成の3社がベンチャーキャピタルの草分け的存在です。その後，野村證券のCVC（コーポレートベ

ンチャーキャピタル）として設立されたのがジャフコです。ジャフコは，現在継続している民間のベンチャーキャピタルでは一番古い会社です。

そして，銀行，証券，保険会社，商社，通信系，事業会社系の子会社として続々とCVCが設立されました。独立系も設立されています。

現在VCと呼ばれる主な投資運営会社を分類すると**図表11**となります。

図表11 主なベンチャーキャピタル

証券系	SBIインベストメント，大和企業投資，マネックスベンチャーズ
銀行系	静岡キャピタル，信金キャピタル株式会社，新生企業投資，みずほキャピタル，三菱UFJキャピタル，りそなキャピタル
保険系	三生キャピタル，ニッセイ・キャピタル，三井住友海上キャピタル
その他金融系	AGキャピタル
事業会社系	オプトベンチャーズ，KLab Venture Partners，グリーベンチャーズ，サイバーエージェント・ベンチャーズ，GMO Venture Partners，TBSイノベーション・パートナーズ，日本ベンチャーキャピタル，モバイル・インターネットキャピタル，NTTドコモ・ベンチャーズ，YJキャピタル
商社系	伊藤忠テクノロジーベンチャーズ，三井物産グローバル投資
国・地方自治体系	ケイエスピー，DBJキャピタル，日本郵政キャピタル
大学系	ウエルインベストメント，大阪大学ベンチャーキャピタル，京都大学イノベーションキャピタル，慶應イノベーション・イニシアティブ，東京大学エッジキャピタル，東京大学協創プラットフォーム開発，東北大学ベンチャーパートナーズ
独立系	インキュベイトファンド，WiL，環境エネルギー投資，グローバル・ブレイン，グロービス・キャピタル・パートナーズ，サムライインキュベート，ジャフコ，TNPオンザロード，日本アジア投資，フューチャーベンチャーキャピタル，フリーバンク
外資系	NHN CAPITAL，エボニック ジャパン，Salesforce Ventures，D4V

●VCの投資基準

VCは，ベンチャー企業などの未公開企業に対して，株式の出資を引き受け，上場後に株式を売却するなどしてキャピタルゲインを得る機関のことです。

VCが投資するベンチャー企業は，時価の把握が極めて困難な状況にある場合が多いので，VC各社は社内で投資基準（マーケットアプローチとしての直近投資価格・マルチプル・業績評価ベンチマーク，インカムアプローチとしての割引キャッシュ・フロー，純資評価，そして社長の能力・スキル，ビジョン，技術等）を設定して投資しています。

あるベテランベンチャーキャピタリストに投資基準を聞いたところ，「もちろん事業モデルが優れていて成長が見込まれる先に投資するが，社長に対する好き嫌いも大いに判断基準になります」と，どこまで本気かわかりませんが，その言葉に代表されるように，それだけベンチャー投資はハイリスク・ハイリターンの事業なのです。

VCは，ファンドという形で第三者から資金を集めるため，一定期限後に集めた金額以上の額を返さなければならないという重い責任を負っています。

そのためVCとしては，ベンチャー企業が投資資金をどのように使用するか，想定外のことをしないかなどついて，約束をしてもらう必要があります。経営陣と投資家の利害の調整をする形で，投資契約書を締結します。投資契約書には，資金の使途の制限，財務諸表が正しいことの表明，優先買取権や譲渡参加権の付与，取締役やオブザーバーの派遣の要求，また投資契約に違反があった場合の起業家への株式売却の規定などを明記します。

●VCからの出資のメリットやデメリット

ベンチャー企業にとって，VCからの出資にはどんなメリットやデメリットがあるのでしょうか。

① メリット
・基本的に担保がなくても成長資金が得られる
・いったん資金調達するとマイルストーンごとに資金調達がしやすくなる
・成長のための取引先や事業提携先の紹介が得られる

・VCからの役員派遣や他社の経営管理上のベストプラクティスの提供を受けられる

② デメリット
・VCの意向を多少なりとも受け入れる必要がある
・VCはその担当者が複数のベンチャー企業を受け持つので，一般的には計画の進捗を定期的な報告会や資料でモニタリングする程度ですが，出資比率や重要度の高い出資先には取締役会に取締役やオブザーバーとして経営関与するので社内で決定した方針が覆される場合がある
・当初の事業計画の達成が難しいと判断されれば，投資契約に基づき他社への売却，買戻しの請求などにより，資金の回収が行われるリスクがある

9 バイアウトファンドについて

次に，バイアウトファンドについて説明します。

バイアウトファンドはPEファンド（プライベート・エクイティ・ファンド）の一形態で，複数の機関投資家や個人投資家から集めた資金をもとに，潜在的に事業価値の高い中堅・中小企業をターゲットに投資します。そして，発行株式の過半数を取得して，3年～5年程度のうちに予定投資利回りを実現できるように経営陣を支援するファンドのことをいいます。

●バイアウトファンドの役割

バイアウトファンドの役割，社会的価値としては，ファンド関係者の持つ知見やネットワークが経営に加わることで企業価値が増大することにあります。そのために投資ファンドは，経営者や従業員と徹底して経営課題の洗い直しを行い，それを明確にします。つまり，その課題を解決すればおのずと企業価値は高まると考えるのです。その課題が明確にある企業に投資するのが，バイアウトファンドの役割でもあるともいえます。

また，もう1つの大きな役割が，組織改革です。バイアウトファンドが投資する先の経営陣，例えばCEOやCFOを交替させることもその一環です。

経営陣はもちろんのこと，従業員1人ひとりの能力を最大限に引き出し，高いモチベーションを保ちながら仕事に向き合ってもらう仕組み作りはバイアウトファンドの大切な役割です。

●バイアウトファンドの取引別分類

　バイアウトファンドは，誰が買収するのか，どのように買収するかによって，取引別に分類できます。また，大企業からのスピンオフや事業承継等，タイプ別に分類することもできます。それをまとめると，次のとおりとなります。

① LBO

　バイアウトファンドの出資以外に銀行借入などを用いたバイアウト。

② MBO，MBI

　経営陣が事業の買収をする場合，MBOといい，バイアウトファンドが中心となって組成した案件に外部から経営者を招へいする場合をMBIという。

③ EBO，MEBO

　従業員が所有者より株式または事業を買収することをEBOといい，経営者と従業員が同時に買収する場合をMEBOという。

④ ホワイトナイト投資

　敵対的買収を掛けられた企業が，その防衛策としてバイアウトファンドからの買収を依頼して，敵対的買収先の株式の希薄化を狙った投資をいう。

⑤ リキャピタリゼーション

　自社の資本の再構築を行うためにバイアウトファンドの出資を受けることをいう。

第1章　CFOになるために最低限知っておきたい基礎知識　*53*

●バイアウトファンドのタイプ別分類
①　カーブアウト（子会社・事業部門売却）
「選択と集中」の方針の下，子会社や事業部門を切り離すときに出資するタイプ。

②　企業再生
本業以外に多くの事業に投資して失敗して会社の存続が怪しくなった企業でも魅力のある事業がある場合があり，大胆なリストラ等で企業価値が見込める場合，出資するタイプ。

③　事業承継
オーナー企業に後継者がいない場合や相続税対策でファンドに売却するタイプ。

④　資本再構築
負債や資本の比率がいびつであるなど，株主構成を変更するために行うタイプ。

⑤　公開企業の非公開化
既存の株主に気兼ねなく，長期的視点に立って事業の見直し・改革をするため，非上場するタイプ。

●主なバイアウトファンド一覧
図表12（次頁）では，主なバイアウトファンドを一覧化しています。

図表12 主なバイアウトファンド

※順不同・敬称略

金融系	アント・キャピタル・パートナーズ，ジャパン・インダストリアル・ソリューションズ，東京海上キャピタル，トラスト・キャピタル，マーキュリア インベストメント，みずほキャピタルパートナーズ
事業会社系	アイ・シグマ・キャピタル，丸の内キャピタル，三井物産企業投資
独立系	アドバンテッジパートナーズ，いわかぜキャピタル，インテグラル，エンデバー・ユナイテッド，キャス・キャピタル，日本みらいキャピタル，日本産業推進機構，ニューホライズンキャピタル，ポラリス・キャピタル・グループ，雄渾キャピタル・パートナーズ，ユニゾン・キャピタル
外資系	MBKパートナーズ，カーライル・ジャパン，KKRジャパン，シーヴィーシー・アジア・パシフィック・ジャパン，CLSAキャピタルパートナーズジャパン，CITICキャピタル・パートナーズ・ジャパン・リミテッド，PAG Japan，ベアリング・プライベート・エクイティ・アジア，ベインキャピタル・ジャパン，ペルミラ・アドバイザーズ，ロングリーチグループ

●バイアウトファンドがイメージしているCFOの要件

　LBOで事業承継した場合と企業再生した場合とでは，CFOの役割が違うのは感覚的にも理解できると思いますが，実際，バイアウトファンドはどのような人材を求めているのでしょうか。

　もちろん業種や規模，ステージによって例外はありますが，投資担当者からのヒヤリングやこれまでの経験則からいえることは次のとおりです。

・学歴より経験（成功も失敗も）を重視
・経理・財務の実務経験がある人
・案件にもよるが40歳から55歳位
・マネジメント経験がある人
・自己管理能力のある人
・現場と一緒に汗をかける人
・大企業1社は採用しない
・転職回数の多い人は採用しない
・バイアウトファンドの役割を理解して現場との懸け橋になれる人

第1章　CFOになるために最低限知っておきたい基礎知識　**55**

- ・否定から入る人は採用しない
- ・誠実で嘘をつかない人
- ・コミュニケーション能力が高い人
- ・レポーティング（経営管理資料）ができる人
- ・LBOローン対応ができる人
- ・IFRS対応ができる人

　以上に加えて，個別案件ごとにいろいろな要件が加わります。

- ・上場に向けた経営管理体制の構築経験
- ・予算管理・業績管理に強い人
- ・人事制度構築・運用の経験
- ・法務業務・固定資産管理・会議体の運営
- ・部門別損益管理の体制構築
- ・M&A経験
- ・監査法人・証券会社対応経験
- ・問題発見・解決能力の高い人
- ・財務のリストラ経験
- ・人のリストラ経験
- ・基幹システムの導入・入替えの経験がある人
- ・メーカーで原価計算・原価管理の経験がある人
- ・ビジネスレベルの英語力
- ・労務管理に強い人

　このように，バイアウトファンドの投資先のCFOに必要とされる要件は，ファンド運営会社から明確に提示されます。

　また外資系バイアウトファンドの場合，経理・財務の延長上のCFOより，経理・財務スキルに加えて，人事業務（労務管理，人事制度等），総務業務（固定資産管理，文書管理，法務，会議体運営，社内・社外広報等）やコンプライアンス，ITにも精通しているCFOを求めます。

　このように，バイアウトファンドの投資先のCFOに必要とされる要件は明確です。明確な分，ピンポイントの人材となると見つけるのも容易ではありません。また日本のバイアウト市場は独立系や大手金融系によってスタートしましたが，その後，2002年には政府の支援によって立ち上がった企業再生機構（企業再生ファンド）が立ち上がったように，その時々の経済環境や時代背景

に合わせるようにバイアウトファンドは変化して設立されてきました。

　現在は中堅・中小企業のオーナーが引退する時期に差し掛かり，事業承継ファンドが多く見受けられます。

●バイアウトファンドが求めた具体的なスキル要件

　私はこれまで多くのバイアウトファンドからCFOの求人をいただきましたが，ミッションや役割は常に明確でした。

　実際にご相談のあった，事業承継案件のCFOに求めるハードスキルとソフトスキルを紹介すると以下のとおりです。

ハードスキルと経験

① 　財務経理の実務に明るい方。エクセルやパワーポイントによる説明資料作成は必須

② 　経理財務の実務が独立してできる方。買収ビークルや兄弟会社の連結決算，管理会計導入，月次決算，CFマネジメント，監査対応，銀行対応，予算策定管理などの実務能力は必須

③ 　予算策定・管理業務における，KPI設定・進捗管理といった経営企画的な経験や，M&Aの経験もあるとなお良し

④ 　ファンドのExitとして，IPOも視野に入れているため上場に向けた各種対応への経験があればなお良し

⑤ 　公認会計士として監査法人勤務経験，または事業会社にて財務経理部門にて相応の年数の勤務経験

⑥ 　財務経理の責任者として，複数人のチームを統率してきた経験があればなお良し

ソフトスキル

① 　自他共に鼓舞し，目標達成に向けてファンドと協力して高い志を持って取り組める方

② 　LBOローンにおける銀行対応や監査対応など，期限の明確な作業もあり，高い自己管理能力は必須

③ 現場スタッフの実力が必ずしも高くないことが推測されるため，現場に入って汗をかく労を厭わないタイプの方

●タイプ別に必要とされる要件

それではバイアウト・ファンドの投資先をタイプ別に分類し，それぞれの企業のCFOに期待される役割・スキルをまとめると**図表13**のとおりになります。

タイプ別に役割・スキルをみていくと共通する所もあれば異なる所もあることが理解いただけると思います。

図表13 タイプ別にCFOに期待される役割とスキル

分類	主な役割	必要とされる資質/NG資質
再生CFO	【再生スポンサー（株主）の代理人として】 ・再建計画策定， ・企業風土の変革（人事制度・給与制度等の改定） ・経営管理体制の再構築 →各種再建施策を推進するPMOヘッド ・施策推進の指揮者，ペースメーカー ・金融機関との協力関係構築， ・リストラ，採用 ・資金繰り，資金管理の徹底 ・株主へのレポーティング	・ファイナンシャルスキルについては，幅広く高いレベルのスキルが必要 ・プロセスよりも結果志向のマインドセット ・非情になれる人（ただし根っこに温かみのある人） ・社員に対して高揚感を与えることができる人 ・成長ステージの経験がある人（再生終了後） ・誠実で責任感の強い人 ・精神的・肉体的にタフな人 ・スピード感のある人 ・リーダーシップのある人 ・*CFOのポジションに長く居座ろうと考えている人はNG*
事業承継CFO	【事業承継スポンサー（株主）の代理人として】 ・属人化した業務の仕組み化 ・従業員の意識改革・教育 （自ら考える意識・具体的な仕事の手法の両輪が必要） ・株主へのレポーティング ・銀行対応（コベナンツ対応）	・社歴に対してリスペクトできる人 ・仕組み，制度，考え方等で良いものと悪いものを選別できる人 ・雑用も率先してやれる人 ・周囲の力を利用できる人 ・状況に合わせ変化を段階的かつ柔軟に醸成できる人（オーナーが一部継続関与するケースや，従業員が長年の社風に慣れているケースも多いため） ・マネジメント力のある人 ・誠実な人 ・*承継以前の考え方・やり方に否定か*

		・ら入る人は絶対NG ・一方で既存の仕組みに慣れあって 　いってしまう人はNG
カーブアウトCFO	【創業メンバーとの一員として】 ・中長期の事業戦略，資本政策の構築 ・中期事業計画遂行 ・徹底した予算管理（PDCAの徹底） ・株主へのレポーティング ・社員の意識改革（親会社の考え方か 　らの脱却） ・業務システムや人事システムの変更 ・株主へのレポーティング ・銀行対応（コベナンツ対応）	・事業のダウンサイジングリスクに備 　えて，プランBを用意する周到さが 　ある人 ・カーブアウト直後の社員の不安を取 　り除くことができる人 ・想像力のある人，新しい仕組みの導 　入ができる人 ・ビジネスを社長と一緒に作れる人 ・長期的視点で今を考えられる人 ・計画的な人 ・誠実な人 ・マネジメント力のある人 ・短期的思考の人NG

[10] CFOの報酬

　昨年，元日産の会長であったカルロス・ゴーン氏が逮捕起訴されるという衝撃的な事件がありました。それは1年間に1億円以上の報酬を得た場合，有価証券報告書に開示するとした「企業内容等の開示に関する内閣府令」に違反したとする有価証券報告書虚偽記載の容疑です。

　彼は2010年3月期より開示が始まれば，従業員や社会から高額報酬を批判されることを嫌った単純な動機だと思いますが，逆に正々堂々と自分の成果に対する正当な報酬をアピールする絶好の機会だったはずです。世界の経営者の報酬は日本の経営者に比べてかなり高額なので，それだけに残念です。

●役員報酬の動向

　さて日本では2010年3月期から，1億円以上の報酬を得た場合，氏名や役員区分を有価証券報告書に開示するようになって9年になりますが，2018年3月期の開示数は，上場企業で240社（前年より17社増加），人数は538名（前年より72名増加）で，それぞれ過去最高となりました。2010年3月期は289名でしたので，着実な伸びを見せています。給料が上がっている実感のない中，大手企業の役員報酬は確実に増加の一途をたどっています。

●CFOのステージ別報酬

それではCFOの報酬はいくらくらいなのでしょうか。

リーマンショックで景気が大きく後退したときは，CFOの報酬も10%以上低下しましたが，ここ数年はやや持ち直しています。

なおバイアウトファンドは日系・外資をまとめてしまっていますが，その中でも外資の大手投資ファンドの投資先CFOの場合，平均と大きく変動するのであえて表に入れませんでした。

大手外資系投資ファンドの投資先CFOの報酬は売上規模ではなく利益規模で報酬を決めています，現金報酬は2,000万円から1億円，また長期インセンティブはバイアウトファンドごとに方針が大きく異なりますが，ストックオプションのみを付与する場合と共同投資という発想で自由に現株を持ってもらう場合とがあります。共同投資の場合，その金額は数千万円から1億円（海外では200億円を出資したCFOもいたと聞きます）となりますので人によっては自宅を担保に借入を起こして出資する人もいます。お金を持っていないと外資系大手投資ファンドの投資先CFOにはなれませんね。

さてCFOの報酬は，会社の規模，業種等によって大きく変動しますが，実際の求人データや統計データを加味した額は概ね**図表14**（次頁）のとおりです。

図表14 CFOの報酬

報酬の内容		ベンチャー	上場ベンチャー（マザーズ～東証一部）	大企業		バイアウトファンドの投資先
				日系	外資	
基本報酬		700万円～1,200万円	1,200万円～3,000万円	2,500万円～5,000万円（総額）	2,000万円～3,500万円	1,200万円～2,500万円（外資2,000万円～3,000万円）
インセンティブ	ボーナス（短期）	なし	なし	なし	目標達成度に応じて大きく変動・親会社が上場　最大で基本報酬と同額・親会社が未上場　最大で基本報酬の70%程度	短期に重きを置いていないので支給しないケースがほとんど
	業績賞与/ストックオプション（短期）	なし	ある場合がある	ある場合がある		短期に重きを置いていないので支給しないケースがほとんどだが支給する場合，基本報酬の50%未満
	ストックオプション（長期）	総発行株式総数の0.1%～3%	ある場合がある	ある場合がある	親会社が上場している場合現金および現株ならびにストックオプションとして支給　数百万円から15百万円	最低，数千万円から上限は1億円を超える場合もある
	現株（長期）	基本なしただし，創業メンバーの場合は保有	導入増加中（主流になる可能性大）	導入増加中（主流になる可能性大）		日系の場合，保有なしが多いが，外資の場合，数百万円～1億円位の範囲で保有させる場合がある

（注）バイアウトファンドの場合，上記のインセンティブに加えてExitボーナスを検討する場合があります。しかし，これはファンド運営者の利益から配分されるので慎重に議論されます。

11 CFOへの挑戦

　CFO誕生の背景から，CFOのスキルやCFOへのステップ，求められるCFO像，リーダーシップとマネジメントの違いなどについて見てきました。

　CFOになるのは，とても大変で，自分にはとうてい無理だと感じた方もいらっしゃるかもしれません。

　しかし，これから登場する10名のCFOのありのままの姿を見たら，その気持ちも少しは変わってくるのではないでしょうか。

　私どもには，「企業価値を向上させる真のCFOを1人でも多く育てる」とい

う使命があります。この変化が大きく，予測が難しい社会では，経理や財務のプロとして過去のデータを追っていれば責任を果たせていた時代は終わりました。ビジネスマインドがあり，社長のビジネパートナーとして一緒に戦略等を考えられるCFOが求められているのです。

一流のCFOになるために，ファイナンスのスキルやその思考方法は不可欠ですが，それだけを強化しても活躍の場は広がりません。ビジネスを理解する力や感性は，経理や財務，経営企画を飛び出して，いろいろな部署を経験することで養われます。

社内にローテーションがない場合は，プロジェクトに積極的に参加する。

コンサルティング会社にいる場合は，いろいろな業種や業態の会社に接することで，ビジネスマインドを養う。

営業，製造，開発，マーケティング部門の人達は，管理部門サイドの対応の仕方，考え方を常にチェックしており，一度，否定から入ると思われてしまったら，相談を持ち掛けられることはなくなります。

相談を持ちかけられないCFOは，孤立してその責任は果たせなくなります。

ある世界的IT企業の日本法人のファイナンスヘッドは，予算を現場と一緒に作り，現場と議論しながら，予算の達成を目指しています。よりビジネスを理解するCFOが求められているのです。

●各執筆者の入社時の成長ステージ

本書で紹介する10名のCFOも決して平たんではないキャリアを歩んでいます。

企業は，創業期，成長期，安定成長期，衰退期と進んでいきます。

社長が上場を決断してCFOを採用する時期は，上場から逆算して2年前（直前前期）が一般的です。

創業期からCFOがいる場合は稀で，その時期は宇宙の隕石がぶつかり合って高温の液体の塊のようなもので，みんなで侃々諤々とアイデアを出し合って，がむしゃらに動いているときなので，CFOは必要ありません。

ビジネスモデルにはまるお客様が付きはじめると成長路線に転換し，成長期

がはじまります。頑張れば頑張るほど売上がついてくることでビジネスモデルの再現性が証明され，それに自信を深めて資金調達，人の採用，開発を開始していきます。紆余曲折はありますが，ビジネスモデルの完成に近づきます。

その段階で多くの経営者は上場を意識しだします。そこで資金調達をしようと思い，ベンチャーキャピタルや監査法人，証券会社に相談すると「CFOはいますか」，「事業計画はありますか」との問いに，CFOの採用に踏み切るのです。

執筆者の多くが，このタイミングで入社しています。

まだまだビジネスモデルが固まる前，固まりだした段階なので，大きなリスクを抱えての入社となります。しかし，社長に賭け，ビジネスモデルに賭けて自分の人生を捧げるのです。

図表15には，こうした企業のバイオリズムと10名の方をマッピングしました。

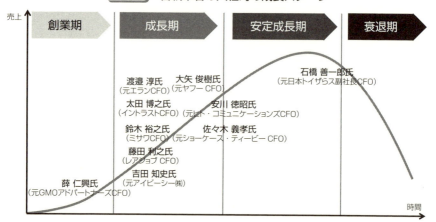

図表15　各執筆者の入社時の成長ステージ

■CFOの一言：CFOとは■

執筆者の皆さんはCFOについて次のように簡潔に語ります。

石橋氏はCFOは「CEOのビジネスパートナーであれ」「長期的に戦略を実行し，短期的に業績を上げること」であると説く。

太田氏は「CFOの究極的な責務は会社を潰さないこと」と説く。

大矢氏は「株主の資本を預かっているという基本姿勢を常に忘れず，社内の雰囲気や内輪の事情に流されず判断していく気力と胆力が重要だ」と説く。

佐々木氏は「CFOはキャッチャー，CEOはピッチャーでバランス感覚と中庸の精神が大切」と説く。

鈴木氏は「CFOは結果を出し続けることが重要で，そのカギは部下の育成にある」と説く。

薛氏は「自ら進んで行動していける人」「常にアンテナを張り巡らせ，アイデアを出せる人」「そして人的ネットワークの構築ができる人」がCFOであると説きます。

藤田氏は「バランスシートをコントロールし，マーケティング・営業担当の役員と一緒にPLにおける売上高や利益を生み出すことに貢献するのがCFO」と説きます。

安川氏は「経理・財務部門のヘッドとしての能力・経験にプラスして，幅広い分野でのジェネラリストとしてのビジネス経験が必要である」と説きます。

吉田氏は「CFO職は心身ともに相当タフでなければ務まらない仕事である」と説く。

渡邉氏は「活躍しているCFOには，①複数の組織で仕事をしてきた人，②多様な属性の人と仕事をしてきた人という共通点がある」と説く。

以上は各執筆者の文章から切り出した言葉ですが，皆様はどのように感じますか。

取締役として，また最高財務責任者（CFO）として緊張の現場をマネジメントしてきた人達だからいえる言葉だと思いませんか。

12 キャリアプランを報酬グラフから見ると

「5 CFOへのステップ」では1つの具体例としてのキャリアプランを挙げていますが，それに近いキャリアを歩んでいる人は今回登場の中には1人もいません。無理やり近い人を挙げれば石橋氏，大矢氏，太田氏，藤田氏，安川氏になるのかもしれません。

これは10名の平均年齢が47歳ぐらいということを考えれば至極当然なのかもしれません。つまり時代背景もありCFOという職業が日本で定着しだしたのがこの15年ぐらいだからです。CFOになるためのステップがまだ明確になっていなかったからです。

しかし，一方でCFOとして活躍している10名のキャリアをあらためて見てみるとCFOへの道は1つではないことが良くわかります。CFOの土台となるタフさや胆力，そしてマネジメント力，リーダーシップは営業の現場でも，コンサルの場でも，不振企業でも鍛えられるのです。だから彼らは活躍できているのです。

最短でCFOになるためのキャリアプランは5で示しましたが，そのルートから外れていても安心してください。CFOになるという強い気持ちがあれば軌道修正は可能です。

鈴木氏や佐々木氏のグラフを見てください。営業職からキャリアをスタートして複数のベンチャーで大変な苦労をしている間にビジネスを理解してCFOとして何をすべきかを会得していったのです。その結果，東証一部のCFOまで上り詰めることができました。ピンチをチャンスに変えてハードスキルとソフトスキルを身につけていったのです。

それでは，10名の執筆者がどのようなキャリアを歩んだか，報酬グラフ（66頁～68頁）から見ていきましょう。

グラフの縦軸は年収，横軸は年齢ですが縦軸の年収は絶対額を表していません，イメージ図に近いものです。

ここからキャリアに関する考え方が見て取ることもできます。

第1章　CFOになるために最低限知っておきたい基礎知識　**65**

　例えば渡邉氏は未経験の業種に転職する場合，報酬は下がるのは当たり前と考えています。しかし，その裏には必ず会社に貢献するんだ，自分ならできるとの強い意志があり，自分次第で報酬は上がると考えています。

　また太田氏は，必ず退職してから転職活動をしています。退職する最後の日まで全力を尽くすので次のことは考えられない性格のようです。退職してから転職活動をすることは家族を抱えていると大きなリスクになりますが，太田氏は無頓着です。しかし，その態度，価値観が採用する側の経営者から見ると信頼できる人，実直な人と映るのかもしれません。

　一般的に報酬を上げるには信頼を勝ち取りポジションを上げるか，より困難な険しい道に進むかです。

　石橋氏はインテルで活躍した後，あえて険しい道を選択しました。プロ経営者を目指してバイアウトファンドの投資先CFOとして転職します。それも外資系投資ファンドの投資先（再生企業）でした。それも続けて2社です。その間，報酬も上がり続けます。

　また大矢氏，薛氏のように社内での大貢献が認められて昇格，報酬増のキャリアもあります。

　さらに藤田氏，安川氏，そして薛氏のように20歳代でチャンスを掴み，失敗を恐れず果敢にチャレンジして報酬を上げる道もあります。

　そして営業から経営管理側へ，エンジニアやコンサルから会計士へ，大きなリスクを抱えた険しい道ですが失敗を恐れず挑戦した結果，大きな果実（報酬もそうですが強いマインド）を手にした鈴木氏，佐々木氏，吉田氏，渡邉氏のように「キャリアチェンジ」も有効な選択肢です。

・石橋氏

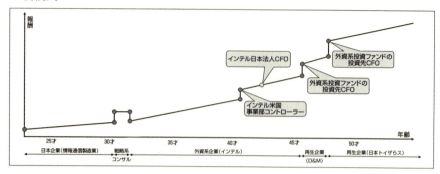

・太田氏

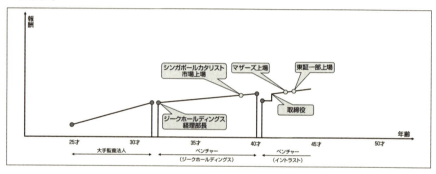

・大矢氏

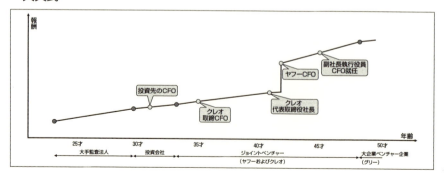

第 1 章　CFOになるために最低限知っておきたい基礎知識　67

・佐々木氏

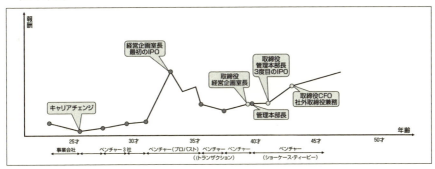

・鈴木氏

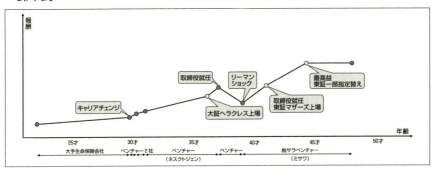

・薛氏

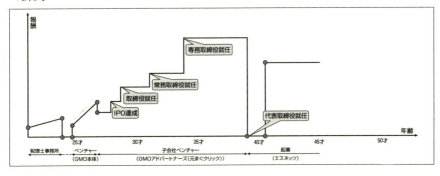

・藤田氏

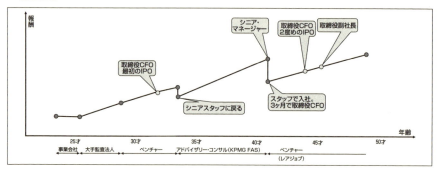

・安川氏

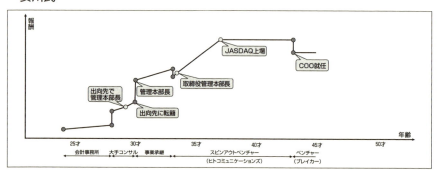

・吉田氏

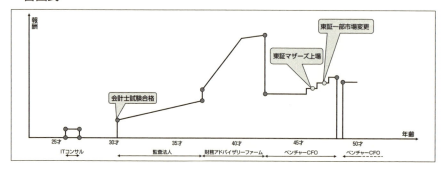

・渡邉氏

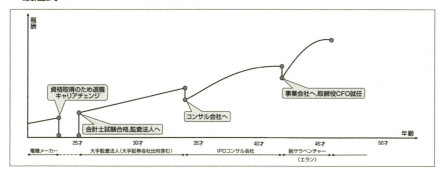

以上で第1章は終了します。

ここから先は，章を改めて現実のCFOのありのままの姿を見ていきましょう。

第2章

10人のCFOの
履歴書

- 石橋善一郎氏／元 日本トイザらス株式会社 代表取締役副社長 兼 CFO
- 太田博之氏／株式会社イントラスト 取締役執行役員
- 大矢俊樹氏／グリー株式会社 取締役上級執行役員コーポレート統括
- 佐々木義孝氏／元 株式会社ショーケース・ティービー 取締役CFO
- 鈴木裕之氏／株式会社ミサワ 取締役管理本部長
- 薛　仁興氏／元 GMOアドパートナーズ株式会社
　　　　　　　専務取締役経営管理本部長
- 藤田利之氏／株式会社レアジョブ 取締役 副社長
- 安川德昭氏／元 株式会社ヒト・コミュニケーションズ
　　　　　　　取締役管理本部長
- 吉田知史氏／株式会社ジオコード 専務取締役CFO
- 渡邉　淳氏／元 株式会社エラン 取締役CFO

profile

石橋　善一郎 （いしばし　ぜんいちろう）

1959年10月11日生

職　歴

1982年 4 月	富士通株式会社　海外事業本部事業管理部
1985年10月	富士通アメリカ　社長室　事業管理担当
1990年 6 月	株式会社コーポレートディレクション　経営コンサルタント
1991年11月	インテル株式会社 FP&A課長，経理課長及びコントローラー部長
2000年 3 月	インテル米国本社 Mobile Platforms Groupコントローラー
2002年 6 月	インテル株式会社 CFO（Finance & Administration Controller）
2005年 3 月	D&Mホールディングス株式会社　執行役兼CFO
2007年11月	日本トイザらス株式会社　代表取締役副社長兼CFO
2016年10月	日本マクドナルド株式会社　上席執行役員兼CFO代理
2017年 6 月	日本CFO協会　主任研究委員兼FP&Aプロジェクトリーダー
2019年 4 月	米国管理会計士協会（IMA）グローバルボード理事
2019年 4 月	東北大学会計大学院　教授

学　歴

1982年 3 月	上智大学法学部卒
1990年10月	スタンフォード大学経営大学院MBA修了
2010年 3 月	一橋大学大学院国際企業戦略研究科金融戦略・経営財務コースMBA修了
2017年 3 月	筑波大学大学院ビジネス企業科学専攻博士後期課程単位取得退学

資　格

1999年10月	米国公認財務管理士資格取得
2000年 1 月	米国公認管理会計士資格取得
2001年 7 月	米国公認会計士（イリノイ州）Certificate取得
2002年 5 月	米国公認内部監査人資格取得
2019年 3 月	米国公認FP&Aプロフェッショナル資格，米国公認戦略・競争分析資格取得

特　徴

外資系企業であるインテル米国本社の事業部のコントローラーとして新しいノートパソコン用のマイクロプロセッサ事業の経営管理を経験。帰国後，インテル日本法人のCFOも経験，日米両方のCFOとCFO組織の役割を熟知。その後，大手外資系PEファンドの投資先再生案件（2社）にCFOとして携わり成功に導く。

■いつ頃からCFOを目指し，どのようにCFOへのキャリアを歩まれましたか。CFOというプロフェッション（職業）の魅力を教えてください。

　私は日本の大企業の会社員としてキャリアをスタートしました。20代は日本本社と米国子会社で事業管理を担当し，大変に働きがいのある仕事をさせていただきました。しかし，職業人としてどんなキャリアを歩みたいかについて明確なビジョンはありませんでした。20代後半に日本企業を退職して自費でスタンフォード大学大学院のMBA課程に留学しました。経営戦略，管理会計，企業財務，財務会計，マーケティングなどの科目を履修しました。スタンフォード大学で学んで有益だったのは，異なる分野の科目を履修したことでビジネスを俯瞰的に考える目が養われたことです。事業部コントローラーやCFOとして「ビジネスパートナー」の役割を果たすための良い準備になりました。しかし，1990年当時，日本ではCFOという職業やキャリアが存在していませんでした。多くのMBA取得者と同じように，経営コンサルタントのキャリアを目指すことにしました。

　30歳で経営コンサルタントになりましたが，自分のキャリアにおける初めての挫折を経験しました。経営コンサルタントは自分にとって，適性のある仕事でもやりたい仕事でもありませんでした。将来のキャリアを模索しているときに思い出したのが，米国子会社勤務時に一緒に働いた3人の米国人CFOでした。彼らは複数あった米国子会社でCFOを務めていました。事業管理実務の豊富な経験とMBAや米国公認会計士などの資格取得を積み重ねて，職業人としてCFOのキャリアを築いていました。キャリア選択にあたり，以下の3つの基準を考えました。

・自分はその仕事が好きか嫌いか？
・その仕事は自分に向いているかいないか？
・その仕事からの経験と自己学習（会計資格やMBAの取得）の組み合わせによって，数年後に職業人として成長を続けられるか？

1991年（31歳）に外資系日本法人であるインテル株式会社に予算管理担当課長として入社しました。CFOを目指して実務経験と会計知識を蓄積することに専念しました。上司はインテル本社から出向してきた米国人コントローラーでした。首になる恐怖に耐えて歯を食いしばって仕事をしました。入社4年目に経理・税務担当課長へのローテーションを志願しました。CFOを目指すには，決算と税務の実務経験が必要でした。1997年（38歳）に予算管理と経理・税務の両方を統括するコントローラー部長に昇進しました。

30代の10年間，実務経験を積み重ねることと並行して，会計知識を蓄積するための学習を続けました。最初は会計知識の修得のために，独学を続けていました。将来の転職に備えて，会計資格を取得すべきだと考え，資格試験予備校に通い始めました。会計資格を取得してわかったのは，資格試験のための学習をすることが実務に役に立つだけではなく，自分のCFOキャリアへの意欲を高め，プロフェッショナル（職業人）としての自覚を強めてくれることでした。管理会計関連資格である米国公認管理会計士（CMA）を取得したことをきっかけに，米国を基盤にして国際的に管理会計プロフェッションの啓蒙活動を行う職業人団体であるIMA（Institute of Management Accountants）の会員になりました。同じCFOキャリアを歩む実務家の方々や管理会計の研究者の方々とネットワークを築くことができました。これまでIMA東京支部で理事を務め，今年度からはIMA米国本部グローバルボードの理事に就任します。

40代前半には，インテル米国本社へ赴任，製品事業部のコントローラーとしてマイクロプロセッサ事業の経営管理を経験しました。米国本社のCFO組織の中で本社CFOと直接，仕事をすることができました。その後，インテル日本子会社にCFOとして帰任し，インテルの日本事業に関する経営管理に携わりました。日本企業と米国企業の両方に勤務したことで，日本企業と米国企業におけるCFOとCFO組織の役割の違いを実感しました。自分は米国型のCFOになりたいと思いました。

2004年（44歳）当時，外資系日本法人であるインテル株式会社のCFOを2年間経験して，同じ環境で働き続けるのは自分のキャリアにとって良くないと感じていました。CFOキャリアの目標として，事業部レベルで働くコントローラーではなく，本社レベルで働くCFOを目指したいと考えました。同時に，

大企業の子会社CFOではなく，上場企業の本社CFOを目指したいと考えました。一橋大学大学院国際企業戦略研究科金融戦略・経営財務コースのMBA課程に入学しました。2回目のMBA課程では上場企業のCFOになることを目指して，企業財務の学び直しに励みました。

　2005年（45歳）に東証二部上場企業であったD&Mへ転職，2007年（47歳）にジャスダック上場企業であった日本トイザらスへ転職しました。2006年にD&Mの東京証券取引所一部指定替え，2008年の日本トイザらスの株主優待制度廃止，2010年の日本トイザらスのジャスダック証券取引所上場廃止をCFOとして指揮しました。2回目のMBA課程で学んだ一橋大学大学院では，株主優待制度が企業価値に与える影響に関する修士論文をまとめました。2年間の課程をCFOとして働きながら6年かけて修了しました。この6年間は，私の「働きながら学び，学びながら働くキャリア」のハイライトになりました。

　私はCFOというプロフェッション（職業）を自分の天職だと思っています。天職という言葉には，天賦の才能とか先天的な持って生まれた才能を活かすことができる職業というイメージがあるかもしれません。私にとってCFOというプロフェッション（職業）の魅力は，自分の経験や学習から蓄積した後天的な才能を活かすことができることにあります。本来，CFOというポジションは，ある日，突然に会社の都合で就任するようなものではなく，CFOへのキャリアを目指す職業人が永年の努力を重ねながら目指すものだと思います。

■インテル本社でCFOを経験されていますが，外資系企業のCFOの役割を教えてください。

　米国企業においては，株主がいて，取締役会があって，取締役会の選任を受けたCEO（最高経営責任者）が経営の全責任を負います。コーポレート・ガバナンスの枠組みの中でCEOは経営に関する全ての権限が与えられており，CFOの役割はCEOの最も重要なパートナーとして，他律ではなく自律した立場からコーポレート・ガバナンスに関わることが期待されています。日本企業には財務部門や経理部門以外に，経営企画部門や情報システム部門や業務部門など，管理関係の職能部門がいろいろあり，各部門の長が担当役員として直接，

社長にレポートすることが一般的です。この場合，CFOは複数の管理担当部門の1つになってしまいます。対照的に，米国企業では管理関係部門の多くをCEOではなく，CFOが統括していることが多いのです。CEOの最も重要なパートナーとしての役割を果たせるように権限をCFOに集中させているのです。

米国企業のCFOは，コンプライアンスに関わる，経理，財務，税務，内部監査等の分野と「ビジネスパートナーシップ」に関わる経営管理の分野の2つで重要な役割を担っています。日本企業の財務・経理担当役員は，コンプライアンスに関わる分野では米国企業CFOと同様の役割を担っていますが，CEOの「ビジネスパートナー」として担う役割に大きな違いがあります。米国企業においては，CFOはCEOと共にトップマネジメントの一員として経営責任を負います。特に，短期的な業績目標を達成することへの経営責任は重大です。CFOは業績目標の達成に向けて組織のベクトルを1つにあわせるための要の役割を果たします。全体最適の意思決定ができるように，すべての部門の長に働きかける役割と権限が与えられています。

CFO組織は，図表1のように，コントローラー部門とトレジャリー部門（財務部門）に分かれます。コントローラー部門の中に財務会計を担当するチームと管理会計を担当するチームがあります。管理会計を担うチームの組織形態としては，事業部門や職能部門や海外子会社に事業部コントローラーを配置します。

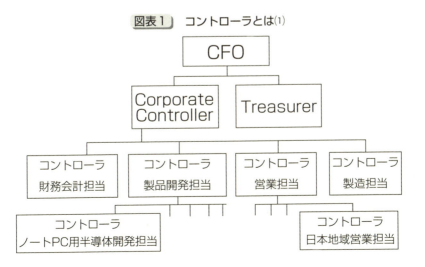

図表1　コントローラとは(1)

図表2のように，事業部コントローラーを部門長と本社CFOの両方にマトリックスでリポートさせることで，事業管理における組織の全体最適を図ります。コントローラー組織が米国CFO組織の中心にあります。CFO直轄のコントローラー組織は，経営指標の実績値や予測値を適時に補足するために，各種のレポートやスコアーカード等のツールを開発し，部門長の「ビジネスパートナー」として意思決定にいたる定例会議を運営し，全体最適となる意思決定を推進する役割を果たします。

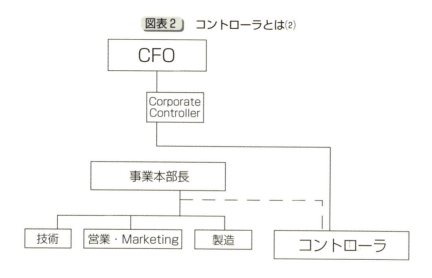

図表2　コントローラとは(2)

　インテルの実質的な創業者であるアンディ・グローブは，インテルのCFOの重要な役割の1つが，CFO組織のリーダーとしてコントローラー組織を率いることであることを，著書『ハイ・アウトプット・マネジメント』（日経BP・1983年）で次のように説明しています。「コントローラーがインテルで仕事をするやり方を考えてみよう。事業部コントローラーの専門的な方法，実務，基準などは，所属する職能組織，つまりCFO組織が決定する。したがって，事業部コントローラーは，職能別編成のCFO組織と使命中心の事業部組織の両者に，つまり両組織の責任者に報告する義務がある。事業部の事業本部長は，事業部コントローラーに対し，使命に基づく優先順位を示し，特定の業務上の問題について動いてもらうように依頼できる。CFOもしくは本社コントロー

ラーは，事業部コントローラーが自分の役目を遂行できるよう訓練を積んでいるのを確認する。事業部コントローラーの専門的業績を検討・監視して，首尾よく本分を全うできれば，いずれもっと大きく複雑な事業部のコントローラーの地位に昇進させるなど，CFO組織内部でのキャリア構築の面倒をみることになる。」

　私はインテル米国本社で事業部コントローラーを経験しました。その際に学んだのは，社内で管理会計を実践するコントローラー制度の重要性でした。2000年春にインテル米国本社の製品事業部にコントローラーとして赴任するというチャレンジの機会をいただき，3年近く働きました。インテルは2000年まで長期間にわたって売上と利益を成長させてきた企業でしたが，2000年秋にインターネットバブルがはじけて，インテルの株価が半分になり，四半期で初めての赤字決算になりかかるという状況に直面しました。私が赴任したノートブックPC用のマイクロプロセッサの事業部は，デスクトップ用のマイクロプロセッサの電圧を低減させたマイクロプロセッサ製品を主力製品としていました。ムーアの法則に従って発売されるマイクロプロセッサは，発熱問題と消費電力問題によって近い将来にノートブックPCの形状にフィットしなくなることが予想されました。将来のノートブックPCに必要とされるニーズを予測して，最適化されたマイクロプロセッサをゼロから開発する新規プロジェクトに事業部コントローラーとして関わりました。

　本社CFOは，事業部コントローラーを毎月2回招集して，全社レベルでの戦略課題の進捗と経費削減の進捗を確認していました。当時，マイクロプロセッサの価格はクロック周波数に応じて決まっていました。発熱問題と消費電力問題に対処するために，マイクロプロセッサの価値をクロック周波数ではなく，新しいベクトルで伝えることが必要でした。新規プロジェクトは，全社レベルの戦略課題として選ばれました。事業部コントローラーとして，戦略課題としてのプロジェクトの進捗とアクションプランを本社CFOと十数名の事業部コントローラーの面前で報告し，話し合いました。本社CFOはこのプロセスによって，ファイナンス組織が1つになって全社最適に向けた戦略の実行ができる環境を作ることを狙っていました。

　2001年の時点ではインテルの業績が著しく悪化したために，研究開発費の総

額を大きく削減せざるを得ない状況でした。全ての新製品開発プロジェクトの優先順位を３カ月ごとに作成される６カ月実行予算の編成プロセスにおいて見直しました。ゼロベース予算の手法で優先順位の低いプロジェクトを中止することが，事業部コントローラーの仕事でした。

　まず，月次で個々の新製品開発プロジェクトの収益性を測定しました。プロジェクトの将来キャッシュフローを予測し，モンテカルロ・シミュレーションの手法で正味現在価値（Net Present Value）を計算しました。並行して，月次で個々の新製品開発プロジェクトのバランスト・スコアカードを作成し，プロジェクトの進捗を確認しました。財務的な指標だけでなく，顧客獲得や品質などの非財務的な指標もモニターしました。そのうえで，３カ月周期で開催される６カ月実行予算の編成プロセスにおいて，優先順位が低いプロジェクトの中止を決めました。

　研究開発費が削減される中で優先順位の低いプロジェクトを中止することで，ノートブックPC用に最適化されたマイクロプロセッサを開発するという最優先プロジェクトへの資源配分を増加させることができました。この資源配分プロセスは2004年にノートブックPC用のマイクロプロセッサ，「セントリーノ」を生み出し，その後のインテルの売上・利益成長のエンジンになりました。

　「本プロジェクトを中止にします」という意思決定は，事業部コントローラーである私と当該プロジェクトのエンジニアのチームのリーダーが共同で行いました。私にとって想い出深いのは，自分のキャリアをかけて製品開発に携わっていたエンジニアの方々と一緒にチームの一員として働いた経験です。彼らはエンジニアとして優秀な専門家であり，私は技術に関して素人です。私が貢献できるのは，事業戦略を一緒に考えて，それを事業計画に落とし，事業の収益性を予測するプロセスです。「私は技術に関しては素人ですが，教えてください。一緒にこのプロジェクトが成功できるように頑張ります。」という態度で働きました。

　ここで外資系企業CFOの役割である，CFO組織内における「ビジネスパートナーシップ」教育の重要性を紹介させてください。**図表３**のとおり，コンプライアンスと「ビジネスパートナーシップ」は，両方共，重要であると教えられていました。コンプライアンスの面で問題があれば，CFO組織のメンバー

としてのライセンスが剥奪される。しかし、コンプライアンスの面でどんなに優秀でも、「ビジネスパートナー」として優秀でなければ、社内での昇進はないと教えられていました。

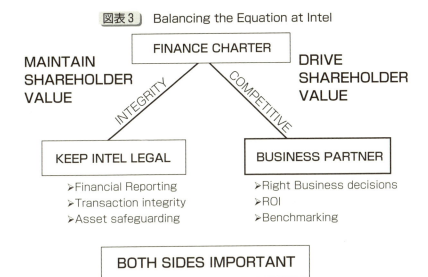

図表3　Balancing the Equation at Intel

当時、CFO組織内で使用されていた「ビジネスパートナーシップ」の考え方を説明したのが、図表4です。

この図のメッセージは、「真のビジネスパートナーであることを目指せ。そのためには、経営の意思決定において意思決定の支援者に留まるのではなく、意思決定の当事者になることを目指さなければならない」というものでした。注目すべきなのは、図の下半分に示されたコメントです。最初に、ジレンマとして、「ライン権限ではなくスタッフ権限しか持たないCFO組織のメンバーが如何にして経営意思決定の当事者になることができるのか？」という疑問が提示されています。

次に、疑問への答えとして、「経営意思決定において、我々の意思決定への影響力の効果が単なる意思決定の支援ではなく、意思決定の当事者であることを目指さなければならない」とされ、影響力を高めるために以下の3つのアクションを実行することが示されます。

図表4 Vision: Full Business Partner

Support ⟶ Ownership

Offering Opinions	influencing	Making Decisions

<u>Dilemma</u>: How can we be responsible for something we don't make the decision on?

<u>Response</u>: We must be so effective in influencing that our influence has much more the feel and impact of ownership than of mere support.
We do that by:
a) Assuming responsibility
b) Being persuasive through adding value (skills, network, insights)
c) Leveraging our authority or our chain of command when all else fails

　最初に，a) ライン権限に基づく意思決定の権限を有してはいないが，意思決定権限を有しているものと見做して，経営意思決定に関しパートナーとして責任を負う。これはビジネスパートナーであるためのマインドセットを示しています。次に，b) 所有するスキルやネットワークや洞察力を駆使して付加価値を提供する。これはビジネスパートナーであるためのスキルセットを示しています。最後に，c) 上記の2つのアクションが上手く働かない場合は，CFO組織全体が有する権限もしくは指揮命令系統を利用して働きかける。と記されています。これは，個人レベルのマインドセットやスキルセットだけではなく，CFO組織としてのビジネスパートナーであることに対する組織としてのコミットメントを示しています。

　私は，外資系企業におけるCFOの役割の根幹は，CFO組織がビジネスパートナーであることへのコミットメントにあると考えています。

■企業再生に成功していますが，再生企業のCFOで一番必要とされるメンタル面とスキル面について教えてください。

　企業再生に必要なアクションに，①事業の選別，②徹底した固定費コストの削減，③徹底した資産圧縮，④徹底した変動費コストの削減，⑤成長戦略の実行の5つがあります。5つの打ち手は，これらの打ち手のタイミングとバランスが重要です。まず出血を止めて，キャッシュフローを黒字にすることが求められます。その意味では，②徹底した固定費コストの削減と③徹底した資産圧縮が最初の打ち手となり，効果も早いタイミングで出やすいです。②徹底した固定費コストの削減と③徹底した資産圧縮と同じく，最初に取り組むべきなのが，①事業の選別です。具体的には，不振事業からの撤退です。企業経営においては経営陣が過去の経緯などに引きずられて，撤退すべき事業を撤退できないことが多いのです。企業再生に臨むCFOにとっては，①事業の選別，つまり不振事業からの撤退は最大の課題であり，同時に最高の機会でもあります。

　企業再生に臨むCFOのメンタル面で必要とされるのは，どんなときでも臆せずに，下を向かずに自分の意見をいうことができる率直性だと思います。自分の経験をお話させてください。

　2005年に米国PEファンドの投資先で，東証二部上場企業であるD&Mホールディングス株式会社（D&M）にCFOとして転職しました。D&Mに入社したその日の午後に，財務部長さんからD&Mが銀行借入契約の財務制限条項に既に抵触しており，数カ月先の年度決算で再度，抵触する状況にあることを知らされました。会社の新規事業であるMP3プレーヤーのリオ事業が大きな赤字を出していました。AppleのiTunesをベースにしたiPodがMP3プレーヤー市場を席捲しており，米国子会社の赤字によって，このまま事業を続けると会社の資金繰りが回らなくなる状況にありました。リオ事業は2年前にPEファンドと会社の経営陣がオーディオのデジタル分野に進出するための新規事業として買収した経緯があり，経営陣がPEファンドに撤退をいい出しにくい状況にありました。

　入社数カ月後に，米国PEファンドが海外で上場したことの祝賀パーティーがあり，来日したPEファンドのオーナーに挨拶する機会を得ました。オーナー

にD&Mの窮状を直接，訴える好機だと考えました。立食パーティーの会場でオーナーに「インテルは大きな組織だったので，D&Mでは『小さな池の中の大きな魚』として活躍したいです。」と自己紹介したら，オーナーに「D&Mもインテルに負けない大きな組織になる。」と返されました。手短にリオ事業に改善の見込みがなく，撤退の時期が来ていることを話すと，オーナーは「あなたのマインドセットは完全に間違っている。リオ事業には未来がある。」といい放ちました。2人がすごい勢いで話しあっていると，自分とオーナーの周りをPEファンドのパートナー数人が取り囲んでいるのに気づきました。皆，無言で固唾を飲んで聴いています。2人の会話が終わると，友人だったパートナーの1人から「あなたは本当に危ないことをした。二度としないでくれ。」と英語で耳打ちされました。落胆してパーティー会場を去るときに，オーナーが私の顔を見てウインクしてくれたのが救いでした。後日，もう1人のPEファンドの日本人パートナーの方から，「石橋さん，あなたはPEファンド内でオーナーに盾を突いた男と呼ばれていますよ。」といって笑われました。

　パーティーの席でオーナーには思い切り怒られましたが，率直にFace to Faceでオーナーに撤退を直訴したことは，結果的に吉と出ました。川崎本社コントローラーの1人をリオ事業の本社があるシリコンバレーに駐在員として送りました。週次で事業進捗会議を開催し，リオ事業からの出血を止めるために事業進捗のコントロールに集中しました。リオ事業のコントローラーと緊密に連絡を取って，直近12カ月の利益計画と資金予測を作成しました。作成した利益計画と資金予測を基に，リオ事業を存続させれば赤字が継続し，銀行借入れの継続ができず，会社の存続が危うくなることを関係者に伝えました。入社半年後にリオ事業を事業清算する決定に持ち込むことに成功しました。企業再生に臨むCFOとして大きな成果を挙げることができました。

　企業再生ファンドの投資先のCFOとして必要なスキルには，戦略をしっかり理解したうえで，CEOのパートナーとして短期的な業績目標を達成するために業績管理をしっかり行うことがあります。これは米国企業のCFOが期待されていることと，全く同じです。D&MのCFOとして役に立ったスキルは，インテルのコントローラーとして学んだスキルでした。

　当時のD&Mの企業戦略は，音響機器事業分野で著名なブランド企業を買収

して事業部として取り込み，事業部間のシナジーを生み出すことにありました。川崎市にグローバル本社を置き，ブランド別事業部群と地域別事業部群のマトリックスからなる事業部制組織を採用していました。スピード感のある経営を行うために，CEOと相談して実施したのがコントローラー制度でした。入社後の半年間，経営陣や事業部長全員に慎重な根回しを行ったうえで，コントローラー組織を立ち上げました。D&Mのマトリックス組織に対応して，ブランド別事業部と日本地域，アメリカ地域，アジア地域，ヨーロッパ地域の地域別事業部に事業部コントローラーを配置しました。

　日本企業であったD&M社内には事業部コントローラーというポジションはありませんでした。事業部の業績管理は，事業部長と事業部長の下で事業部の管理業務を担当するマネジャーたちが行っていました。各事業部の事業部長と相談して事業部長のスタッフの方々から事業部コントローラーを選びました。会社の組織図を，事業部コントローラーが事業部長だけでなく，CFOにマトリックスでリポートするように改めました。月次の予算管理プロセスを見直しました。毎月，各事業部を代表する十名余りの事業部コントローラーのチームを電話会議で招集しました。6カ月先までの利益を月次予測としてローリングで作成し，月次予測と年度予算のギャップを検討し，是正措置を講じるプロセスを構築しました。米国や欧州で新たに買収したブランド事業をD&Mの事業部の一つとして取り込み，事業部コントローラーを配置して業績管理を行いました。

　コントローラー制度を導入したことにより，M&Aによる成長戦略を効果的に実行することができました。3年間の在任中，D&Mの業績は売上高，営業利益共に著しく回復し，上場企業として東証二部から一部への指定替えに成功しました。

■日本企業にコントローラー制度は適用できないでしょうか。

　私は日本企業のCFO組織がコントローラー制度の導入を再検討すべき時期に来ていると考えています。特に，グローバル市場で競争する大企業はコントローラー制度を導入すべきです。ここで以下の質問をさせてください。

- ・なぜ日本企業はグローバル市場で成功できないのでしょうか？
- ・なぜ日本企業はM&Aで失敗するのでしょうか？
- ・なぜ日本企業のROE（自己資本純利益率）はグローバル企業に較べて低いのでしょうか？
- ・なぜ日本企業のROA（総資本事業利益率）はグローバル企業に較べて低いのでしょうか？
- ・なぜ日本企業の売上高営業利益率はグローバル企業に較べて低いのでしょうか？

　私はこれらの質問の答えに共通するものが，日本企業の「経営力（事業管理能力）の弱さ」にあると考えています。私は，その主な原因の１つがCFO組織の中にコントローラー部門が存在していないことにある，と考えています。多くの日本企業において，CFOとCFO組織（経理部門と財務部門）は事業管理に直接，関与していません。事業管理機能を担っているのはCFO組織ではなく，本社レベルにおいて社長室もしくは経営企画部，事業部レベルにおいて事業部長と事業部長直属の事業部管理スタッフです。

　CFO組織の中にコントローラー部門が存在していないという日本企業のユニークな組織体制の源流は，1950年代にまで遡ります。当時，日本企業の競争力を強化するために，通商産業省は日本企業に事業部制とコントローラー制度を導入することを強く推奨していました。しかし，当時の多くの日本企業においては，財務会計機能を持たない独立したコントローラー組織は実務から遊離してしまうのではないかという懸念がありました。結果として，財務会計機能は経理部に残り，本社において計画作成機能を行うために新たに経営企画部が生成され，事業部における計画作成機能は従来どおり，事業部長のスタッフが行うという組織体制が生まれてしまいました。多くの日本企業においては，1950年代に生まれた組織体制がグローバル化の進む今日においても存続しているのです。

　それでは，米国企業においてコントローラー制度は如何に導入されたのでしょうか。米国企業においてもコントローラー制度の確立には長い時間が必要

でした。米国企業におけるコントローラー制度導入の経緯に関して，ぜひ，ご紹介したい本があります。ITTというコングロマリットを1970年代に成功させた伝説の経営者，ハロルド・ジェニーンの自伝，『プロフェッショナル・マネジャー』（プレジデント社・2004年）です。本書にはジェニーンが複数の事業会社においてコントローラーやCFOを経験しながらキャリアを築き，ITTにおいてコントローラー制度を完成させていく過程が描かれています。

　私がお伝えしたいのは，歴史的な経緯や国ごとの企業組織の違いはあっても，コントローラー制度の導入に最低限必要なのは，CFO個人のリーダーシップとトップマネジメントのコミットメントだということです。日本の大企業においてもCFOがリーダーシップを発揮し，トップマネジメントがコミットすれば，コントローラー制度を導入することは可能ではないでしょうか。大企業へのコントローラー制度の導入はハードルが高いですが，効果も大きいです。職能別部門制組織から事業部制組織に移行する段階，もしくは事業部制組織から日本企業特有のカンパニー制組織に移行する段階で，コントローラー制度の導入を検討されることを強くお勧めします。

　あくまでも日本企業のCFO組織（経理部と財務部）が経営管理・業績管理に関与しないのであれば，本社の経営管理部と事業部の管理部門を組織化し，事業部管理スタッフが経営企画部長と事業部長にマトリックスでレポートするという選択肢もあると思います。この選択肢の問題点は，本社経営管理部と事業部管理スタッフにレポートラインを作っても，一時的な関係に陥りがちになることです。日本企業における経理部や財務部に見られるように，社員に背番号を付けて組織内でのキャリア作りを支援し，職能部門としての教育体制を構築することが必要です。やはりトップマネジメントのコミットメントが必要です。

　グローバル市場で日本企業が成長していくために，CFOのリーダーシップとトップマネジメントのコミットメントによってコントローラー部門がCFO組織の一部として組織化されることが望ましいと，私は考えます。私が期待するのは，本書の読者であるCFOへのキャリアを目指す皆様です。私は，日本企業であるD&MのCFOとしてコントローラー制度を導入しました。日本においてコントローラー制度は与えられるものではなく，CFOが勝ち取るものだ

と信じています。

■CFOとして一番大切なスキルとマインドをお聞かせください。

自分が信じるCFOのあるべき姿を3行でまとめさせてください。

・CFOは単なる経理部門や財務部門の責任者ではない。
・CFOはCEOの真のビジネスパートナーである。
・CFOの役割は，（長期的に）戦略を実行し，（短期的に）業績を上げる
　ことにある。

　私にとってCFOとして一番大切なマインドとスキルは，CEOの真のビジネスパートナーであるために必要とされるマインドとスキルです。これらは，事業会社の事業部レベルで事業部長のビジネスパートナーとしての経験を積むことによって養われます。コントローラー制度を採用している事業会社（主に外資系企業）においてFP&Aマネジャーや事業部コントローラーを経験することは，ビジネスパートナーとしての実務経験を積む最高の機会であり，CFOとしてキャリアを積むために非常に重要です。

　しかし，プロフェッショナルとしてのCFOを目指すには，現場で実務経験を積むだけでなく，自己学習によってスキルを磨いて行くことが必要です。会計資格では，米国公認会計士のような財務会計関連資格だけでなく，管理会計資格が重要です。お薦めの管理会計資格には，米国公認管理会計士関連資格（Certified Management Accountant および Certified in Strategy and Competitive Analysis）や米国FP&A関連資格（Certified Corporate Finance Planning & Analysis Professional）があります。現在，実務経験と資格取得を活かして，東北大学会計大学院，早稲田大学会計大学院，一橋大学金融専門職大学院および相模女子大学で管理会計と企業財務を教えています。

　CFOにはプロフェショナルとして，経験と自己学習から学び続ける姿勢が求められます。

profile

太田 博之 （おおた ひろゆき）

1974年8月3日生

職 歴

1999年10月	中央監査法人（みすず監査法人に名称変更後解散）に入所
2007年7月	同法人解散により退職
2007年12月	株式会社ジークホールディングスに経理部長として入社
2013年9月	同社がシンガポールカタリスト市場に上場
2014年8月	同社退社
2014年10月	株式会社イントラストに入社
2015年1月	同社財務経理部長
2015年4月	同社取締役執行役員に就任
2016年12月	同社がマザーズ市場に上場
2017年12月	同社が東京証券取引所市場第一部に市場変更

学 歴

1998年3月	千葉大学法経学部経済学科卒業

資 格

1999年10月	公認会計士第二次試験合格
2003年5月	公認会計士登録

特 徴

公認会計士として，監査法人にて7年間勤務し，事業会社からファンド，労働組合の法定監査，任意監査に従事，また，公開準備会社の主担当としてマザーズ上場を経験したのち，法人の解散を契機に事業会社に転職。1社目の事業会社では，経理部長としてシンガポールカタリスト市場への海外上場を経験。2社目の事業会社である現職では，取締役執行役員として，上場準備段階から参画し，マザーズ市場および東京証券取引所市場第一部への市場変更の経験を持つ。

■公認会計士になろうとしたきっかけは何でしょうか。また，CFOとしての業務に役に立っていますか。

　公認会計士という資格を始めて知ったのは，大学進学前でした。通っていた予備校に資格に関する雑誌が置いてあり，たまたま手に取った際に公認会計士という資格が目にとまったのがきっかけです。

　大学進学後も，漠然と企業に就職するイメージが持てず，公認会計士試験にチャレンジしました。なぜ，公認会計士を目指したのかは良くわかりません。なんとなくというのが正直なところで，勉強中は公認会計士がどんな仕事をするのか全くわかっておらず，ましてCFOという言葉すら知りませんでした。合格までに，数年を要しましたが，なんとか合格することができたのは，運が良かったことと，多少は自分に向いていたのではないかと思っています。

　余談ですが，勉強中は今では考えられないくらいストイックな生活を送っていました。不安で押しつぶされるような感覚はなかったのですが，合格後も数年間は，合格が夢だったという悪夢を度々見ていました。

　ところで，そこまでして取得した公認会計士資格が，今現在のCFOとしての業務に役に立っているかというと，公認会計士という資格そのものというよりも，公認会計士としてのキャリアまで含めて考えてみると，役に立っている面は多くあると思います。

　CFOには，さまざまなタイプの方がいて，会社のステージに応じて，求められるスキルも変わってくると思いますので一概にはいえませんが，会計を体系的に理解するための基礎があり，会社全体や事業の状況について会計数値を通じて理解する土壌があるという意味においては，一定のアドバンテージがあるのではないでしょうか。常に新しい事象が発生し，新たな会計基準が生まれているような環境において，経理部門を管掌し運営するうえで，会計の基礎を理解しているというメリットは大きいと思いますし，会計数値から状況を分析し，正しく理解することはCFOとしての業務に有用だと思います。

■転職をする際に，次を決める前に監査法人を退職していますが，その決断は怖くなかったですか。

公認会計士試験に合格後，大手の監査法人に勤めました。監査法人では，事業会社の監査が中心でしたが，製造業，サービス業，ファンド，労働組合など多様な業種について，業界や各社の業務そのものを知る機会に恵まれました。その他，IPOの案件もいくつか担当させていただき，その後のキャリアにおいてとても役立つ経験をさせていただいたと感謝しています。仕事自体はハードワークで，深夜にタクシーで帰る日々が続くこともありましたが，20代のうちに，仕事とどのように向かいあっていくかのベースができました。

また，監査を通じて数百社のクライアントにお伺いさせていただいたことで，業界や各社の業務そのものについて，会計数値からだけでなく，実際に業務に携わっている方から直接話を聞く機会も多く得られ，知識や視野を広げることができたと感じています。

その後，勤めていた監査法人の解散を契機に，事業会社への転職を決断しました。監査法人での仕事はとてもやりがいのあるものでしたが，一方で，監査という仕事自体が，対象会社の事業の結果である決算内容をチェックするもので，もう少し踏み込んでプレーヤーとして事業に関わる仕事がしたいと感じていました。また，監査人としてIPOに携われたこともあり，事業会社でIPOを経験したいとも思っていました。そこで，法人が解散するタイミングで，監査からは卒業することを決意しました。なお，監査法人で解散ぎりぎりまで，自分なりに目一杯仕事をしたこともあり，退社後は転職活動を開始するまで長めの休みを取りました。転職に関しては，恐らく次の就職先を決めてから現在の会社を退職するというのが通常の順番になると思います。転職自体をある程度余裕を持って進められるメリットや生活のことを考えると，転職先を決めてから退職する方法が良いとは思いますが，私の場合二度の転職活動を行いましたが，二度とも退職前には就職活動を行わずに，退職後に転職活動を行いました。結果として，退職日まで仕事に打ち込むことができ，少しはその責務を全うできたのではないかと思えることと，次の仕事が決まるまでの間に，リフレッシュする時間を持てたことは良かったと感じています。転職時の年齢や家族の

理解など環境面で恵まれていたこともあると思いますが，休むことについての不安は余りありませんでした。

　また，監査法人を離れ，事業会社へ転職すること自体についても，全く不安がなかったかというと嘘になりますが，プレーヤーとして事業そのものを経験してみたいという思いのほうが強く，思い切って事業会社に転職しました。退職を決意した時点において，将来的なキャリアプランや明確なCFO像のようなものがあったわけではありません。事業会社を経験してみたいというシンプルな思いからでした。監査法人ではある程度の給与は保証されていましたし，年次とともに給与額もアップしていました。一方で事業会社への転職では，給与アップの保証はありません。まして転職時に自分が希望した会社が自分を必要としてくれるかどうかもわかりません。不安要素を考えるときりがないです。考えることを放棄するのは危険ですが，いろいろ考えるよりも，まず一歩踏み出してみて，そこでベストを尽くすことを考える方が健全ではないかと思っています。

■シンガポール上場を成功させていますが，成功要因を教えてください。

　ジークホールディングスという会社で，もともとは国内市場へのIPOを目指していくつかのIT系の会社が集まって持株会社を設立したユニークな会社でした。持株会社では，事業は行わず，子会社の経営管理や財務経理業務などの管理業務のみを行う純粋持株会社で，私は経理部長として，その会社に転職しました。

　私の入社は12月でしたが，組織再編などもあり９月の第２四半期の決算作業が続いているような状態で，決算業務をスムーズに行うことが私の最初のミッションでした。

　上場会社であれば，決算は遅くとも45日以内に発表する必要があり，多くの会社はそれよりも早く決算発表を行います。これは，会計数値の集計のプロセスが確立され，判断が必要な事象について事前に検討が行われるなどの体制が整っているためで，上場準備会社においては，これらの体制が整っていないために，決算が長期間締まらないケースが結構あります。

そのため，まずは決算体制を構築することから着手しました。あらかじめ分担を決め，必要となる情報を洗い出し，スケジュールを立て必要に応じて自ら手を動かし，実行していきました。いくつか課題もありましたが，スタッフや上司の方の協力も得ながら1つずつ解決していき，何とか上場を目指せる経理体制まで持っていくことができたと自負しています。

　その後，リーマンショックなどを契機として，国内市場ではなく，海外市場への上場を検討することとなりました。当時は，国内市場におけるIPO時のバリュエーションがそれほど高くなかったことに加え，韓国のコスダック市場や香港市場に日本の企業が上場を果たしていたことも，海外市場への上場を検討する際の材料の1つになったと思います。いくつかの市場を選択肢として検討し，最終的にシンガポールのカタリスト市場への上場準備がスタートしました。

　日本市場へのIPOを目指していたので，ある程度管理体制は整っていましたが，私を含め海外上場の経験は全くない状態でした。その中で経理部長としての私の役割は，主にIFRSに基づく財務諸表を含む英語での目論見書の作成，および，これらの監査法人対応でした。いずれも，私にとってはじめての経験でした。日本基準からIFRSに基づいた財務諸表に移行するだけでも，通常数カ月を要する作業です。会計処理の変更が必要となる項目の洗い出しと新たな処理方法の検討，新たに必要となる数値の集計など，経理部門だけでなく会社全体で対応が必要となるプロジェクトになります。作業を行うにあたっては，IFRSを既に採用している会社やシンガポールのカタリスト市場に上場している日本企業など先行している会社の事例を参考にし，必要に応じて周りの専門家の協力を得ることを意識して進めていきました。途中作業が進むにつれて負荷が増し，スケジュール的に厳しい状況もありましたが，何とかスケジュールを大きく逸脱することなく作業を完了させることができました。

　さて，海外市場への上場を達成できた成功要因を私なりに考えますと，まず，会社としては，一番はIPOの成功を最後まで信じ続けたことではないかと思います。監査法人時代も含めていくつかIPOを目指す会社を見てきましたが，海外市場に限らず，IPOにおいては，社長を中心とした会社の経営陣および関係者の方々が，最後までIPOを必ず達成すると強く思い，そのために行動することが重要だと考えています。

また，純粋持株会社であったことも，メリットが大きかったと感じています。ジークホールディングスでは，グループの経理機能を持株会社に集約していました。IPOにおいては，財務諸表だけでなく各種の数値についても，開示が必要となります。また，それまで日本基準で作成していた数値をIFRSに移行する必要もありました。経理機能が集約されていることで，スタッフへの指示の徹底や数値作成時の負荷が少なく済み，これらの作業を短期間でかつ正確に行うことができたと感じています。

　私自身に関しましては，監査法人時代の経験が直接的ではありませんが活きました。20代のうちに，かなりの業務量の仕事が複数同時並行で進んでいく環境で仕事をしていたため，困難な仕事に対する耐性ができていたことで，高い目標にも気後れせずに向き合えたと考えています。

　これらの甲斐もあって，無事シンガポール市場に上場を果たせました。上場日に，取引所のセレモニーに参加したときには，それまでの大変さが報われた瞬間であり，その光景は脳裏に焼きついています。

■その後，2社目の事業会社でも上場を成功させていますが，何か違いはありましたか。

　1社目の事業会社では，海外市場への上場など貴重な経験をさせていただきましたが，経理部長というポジションであったこともあり業務範囲は経理業務が中心でした。そこで，経理だけでなくもう少し幅広い業務について，全体を見る立場を経験してみたいとの思いから，現職の株式会社イントラストに転職しました。

　イントラストは，家賃債務保証をメインにした総合保証サービス事業を展開しており，現社長が2006年に創業した会社で，現在は東証一部に上場しています。

　私が転職したときは，IPOに向けた準備を開始した段階で，財務経理部門の責任者を募集していました。イントラストは，株式会社プレステージ・インターナショナルの子会社であり，上場準備作業を開始した時点では，財務経理業務を含む管理系の業務の多くは，親会社に委託しており，財務経理部につい

ては，部署の立ち上げから係わりました。部署の立ち上げにあたっては，スタッフの募集，会計システムの導入とそのためのフローおよびマニュアルの見直しなどを行いましたが，上場会社の子会社であったことから，会計処理を含めて業務フローそのものはできあがっており，既存の業務を移管する作業がメインとなりました。その意味では，ベンチャーにおいて1から会計処理を含めて体制を整備し，精度を高めていくケースと比較して，子会社上場の場合には，既に整備されているケースが多く，比較的スムーズに上場準備作業を進めることができる面も多いと思います。その他，親会社との独立性を担保するため，親会社と同居していた本社の引越しや必要な契約関係の整理なども行っていきました。また，親子上場の場合，上場を目指す子会社のみならず，親会社においても，親会社の株主に対してなぜ子会社を上場させたのかを問われることになります。この点も含めた多くの面において，株主である親会社の多大な理解があって初めてIPOを進めることができると実感しました。現在も，イントラストは子会社という位置づけではありますが，同じ東証一部上場会社として親会社と切磋琢磨できるよう，企業価値の向上に努めて行きたいと思うと同時に，上場会社の先輩として勉強させてもらえる機会を多くいただいていると感じます。親子上場に関しては，見解が分かれるところとは思います。当事者としてあくまで私見になりますが，企業価値を高めるための上場の一つのあり方ではないかと考えています。

　また，監査法人時代と前職でIPOを経験しましたが，現職では，経理だけでなく，もう少し広い範囲でIPOを経験することができ，監査法人時代や経理部長として携わっていた業務は，IPO全体のごく一部であったと知ることができました。IPOの準備段階において社内の内部体制を整えることに多くの時間を要することになりますが，経理だけでなく，予算管理や規程をはじめとする社内管理体制全般が対象となります。また，証券会社や証券取引所の審査においては，多くの質問に対して，決められたスケジュールに沿った回答と説明が繰り返し行われます。これらの対応は日常業務と平行して行うことになり，体力的にも精神的にもかなりの負荷がかかりますが，このような過程を経ることで，組織としても各担当としても鍛えられていき，公開会社への階段を一段ずつ登っていくのだと実感いたしました。

結果として，IPOを目指すと正式に社内決定し，キックオフミーティングで決めた期日を2日ほど短縮してスケジュールどおりに上場を果たすことができました。ジークホールディングスでは，紆余曲折の末，海外上場を果たしましたが，イントラストでは，当初のスケジュールを1日も遅らせずに上場させるという経営陣の強いコミットがあり，結果としてその意志の強さが会社を上場させたと感じています。

■社長との接し方や距離感，部下のマネジメントについてどのように考えていますか。

イントラストに転職を決めたポイントは，社長に惹かれたことも理由の1つです。特にCFOとしてのポジションにとって社長との距離感はとても大切であると思います。一方で，社長やCFOのタイプ，会社の風土や雰囲気などによって，具体的な距離感はかなり千差万別で，正解はないとも思います。

私の場合は，最終意思決定者としての社長や取締役会などの意思決定のプロセスにおいて，正しい判断を行えるように会計数値や資金といった面から情報を整理し，CFOとしての意見を伝えることが役割の1つと考えています。また，会社を成長させるためアクセルを踏むのが社長であるならば，その際のリスクをできるだけ小さくするよう働きかけるのがCFOの役割であり，最終的にブレーキを踏む意思決定が正と思えるのであれば，そのような正しい判断が会社として行えるように促すことも必要と考えています。

部下との接し方については，経理という比較的専門的な業務を主管していることもあり，上下関係というよりは，夫々専門的な知識を持った者同士，フラットな関係で接したいと思っています。監査法人では，年次や職位に関係なく役割に従って仕事をしていました。自分が主担当であるクライアントにおいては，スタッフとしてアサインされた方が年次や職位が上であっても，私が仕事の指示を出し現場を取りまとめる役割を担っていましたし，逆に，他の方が主担当となっているクライアントに自分がスタッフとしてアサインされたときには，その担当の指示に従って仕事を週単位で行っていました。その経験が大きく影響していると思いますが，上司だから部下だからというよりは，ポジ

ションは役割の違いが大きいと考えています。仮に部下であっても，職場を離れれば1人の人として接したいとも思います。私は会計については，多少は知識や経験を持っていますが，社会人としてはまだまだ勉強すべき点が多くあります。ある面において部下が私よりも経験や知識を持っているのであれば，業務内のことであっても，素直に意見を聞けるようになりたいと考えています。

　一方で，監査法人時代は公認会計士試験に合格してきたある種のスペシャリストの集まりであることから，仕事に関しては，できてあたり前で，できないのはその人が悪いと考えがちでした。また，できないのであれば，自分でやってしまった方が早いとも考えていました。大きな間違いでしたが事業会社に移ってから，しばらくはその考え方が抜けませんでした。ただ，自分ひとりでできることは限界がありますし，ポジションに応じて求められる役割も変わってきます。現実的に全てを自分で行うことは不可能ですので，今では，仮に部下ができない場合に，自分でやるのではなく，できるようにどうする方法があるのかを考え実行することが重要と考えています。

　また，1社目の事業会社への転職時に，やる気を出させる意味で，入社後間もない経理部の会議の場で，目から血が出るほど頑張れば何とかなるという類の発言をしました。私なりに，最初の決算を控えて，多少鼓舞する意味はあったものの，高圧的にならないように少し冗談っぽく伝えたつもりでした。しかしながら，結果として，退職を慰留していたスタッフの退職を早めてしまった経験があります。今でも大変なのに，もっと頑張れということかと受け止められてしまいました。部下のマネジメントは，コミュニケーションが土台にあり，関係性の乏しい間は，発言を含め充分注意を要すると学んだ機会でもありました。前職が比較的フラットな組織であったことも理由の1つですが，事業会社で部長職となったときには，監査法人のようなフラットな組織でのマネジメントスタイルをそのまま適用したのでは駄目だと気づきました。転職したばかりのころは，このあたりのギャップにうまく対応できずにおり，当時の私の上司であった方には，すごくフォローいただいた記憶があります。

■コミュニケーション能力，リーダーシップは鍛えれば身につくものですか。

　コミュニケーション能力については，ある程度経験を重ねることで，身につくと思います。特にある程度の規模の組織であれば，役職に応じて求められるコミュニケーション能力が変わっていくことが多いと思いますが，その組織の中で昇進とともに役割が変わることで，コミュニケーションの仕方を学ぶ機会が多くあると思います。

　基本的にはその職場における役割や立場を理解したうえで，どのように相手に伝えていくかがコミュニケーションにおいて重要だと思います。その意味で，職場におけるコミュニケーションは，その職場にあったスタイルを確立する必要があるとも思います。監査法人で通用していたと考えていたコミュニケーションのスタイルが，事業会社で必ずしも通用しなかったのは，このあたりを理解できていなかったためです。これらを無意識に理解し伝える相手に応じてその方法やタイミングなどを変えることができる方もいると思いますが，仮に無意識にできない場合であっても，意識することで，その能力を鍛えることができると信じています。努力は必要ですが，その組織やその人にあったコミュニケーションのスタイルを探すことでその能力は磨かれると思いますし，誰でも一定以上の能力を身につけることができると思います。

　一方，リーダーシップについては，チームリーダーであれば，メンバーの人数にもよりますが，ある程度コミュニケーション能力やマネジメント能力を磨くことで，チームを引っ張って行くようなリーダーシップを発揮できるかもしれません。しかし，会社を引っ張っていくような，例えばベンチャー企業の社長に求められるリーダーシップについては，こうすれば身につくと体系立てていえるものではなく，ある種の才能やその人の意思の在り方のようなものが大きく関係しているのではないかと感じています。リーダーシップについては，いくつかタイプがあり，組織や人に応じて適合するタイプも異なると思います。会社を成長させるために，リーダーシップを発揮しやすいような環境を整えるとともに，社内のリーダーシップをどのように醸成していくかについては，現在も模索中で，引き続き試行錯誤していきたいと考えています。

■CFOとして一番大切なスキルとマインドは何でしょうか。

　会社にとっては，トップラインとしての売上を伸ばすことがとても重要なことだと思います。売上獲得のためにCFOとしてできる限りのことをしたいとも思います。

　一方で，事業を行ううえでは少なからずリスクが伴うことがあり，そのリスクを見極めることが求められることがあります。会社として，とってよいリスクなのかどうかを判断するために，質的，量的な面から検討が必要になり，特にCFOは資金や数値的な面での判断が求められます。

　また，正しい意思決定を行うためには，活動や事象を数値として「見える化」することの重要性を感じています。漠然と可否を判断するのではなく，客観的な数値の裏づけを持って行動することで，仮にベストではない結果に対しても，軌道修正がスムーズに行えます。

　その意味でCFOには事象を数値化するあるいは数値を通じて状況を理解し判断できるスキルが必要であると思います。

　そして，CFOとしての究極的な責務は，会社を潰さないことではないかと考えています。よく社運をかけたというキャッチフレーズがありますが，社運をかけた意思決定が安易に行われないようにリスクを管理すべきだと思いますし，会社の継続を困難にする可能性がある意思決定は，仮に成長の可能性があったとしても，CFOとして避けるマインドを持つべきであると考えています。

■CFO職の魅力をお聞かせください。

　ある方に，「CFOというポジションに楽なときはない」といわれたことがあります。正にそのとおりだと思います。CFOは会社にとって重要なポジションであるとともに，その責務も大きいです。取締役であるとか執行役員であるとかという肩書きや法律上の責務を負っていることはもちろんですが，あわせて，役割としてCFOが資金や会社の数値についての責任を有しているからということが大きいと思います。資金の不足は会社の存続に直結しますし，会社の状況を，数値を通じて把握し管理することは，上場会社に限らずとても重要

なことだからです。

　イントラストは，保証サービスを行っていることもあり，代位弁済として毎月数億のキャッシュを立替えています。資金が会社の成長のボトルネックとならないように，ビジネスモデルそのものに工夫を凝らし，手当てしていますが，それでも将来を含めた資金の管理には気を使っています。特に新たなビジネスを行う場合には，損益だけでなくキャッシュフローがどうなるかについて，慎重に検討を行います。

　一方で，CFOというポジションはとてもやりがいのある楽しいポジションでもあります。会社全体を見ることができますし，社長や社員とともに，会社の成長に携われるポジションです。単に経理財務業務の延長ではなく，時にはブレーキ役となって，会社の成長をフォローできるのがCFO職としての魅力ではないかと思います。

　監査法人でキャリアをスタートさせましたが，気づけば，監査法人よりも事業会社で働いている期間の方が長くなりました。事業会社でIPOを経験したいと思い，監査法人を退社し，事業会社に飛び込みました。結果として，転職時には，考えもしませんでしたが，海外市場と国内市場への上場を達成し，CFOというポジションで会社の成長に携われるなど，非常に濃い経験ができていると思います。

　当然大変なこともありますが，是非とも，若い公認会計士の方々にも，監査法人での選択肢とあわせて事業会社も考えてみることを薦めたいと思います。監査も社会から求められるやりがいのある仕事であると思いますが，事業会社においても公認会計士の方を求めるニーズがあるように思います。是非，チャレンジしてみて欲しいです。

　私自身もチャレンジすることで，失敗することや後悔することもありますが，それでも，少しずつですが仕事の幅や人脈が広がっていることを感じます。現職のイントラストは「明るく！楽しく！真剣に！」を社訓としていますが，まさしく，明るく，楽しく，真剣に仕事ができる機会を，これからも増やして行きたいと思います。

profile

大矢 俊樹 (おおや としき)

1969年12月16日生

職 歴

1992年4月	監査法人トーマツ（現：有限責任監 査法人トーマツ）入社
1994年3月	公認会計士登録
1999年10月	ソフトバンク・インベストメント株式会社（現：SBIホールディングス株式会社）入社
2003年2月	ヤフー株式会社入社
2005年6月	株式会社クレオ 取締役
2011年4月	株式会社クレオ 代表取締役
2012年4月	ヤフー株式会社 最高財務責任者 執行役員
2015年6月	ヤフー株式会社 副社長執行役員 最高財務責任者
2018年10月	グリー株式会社取締役上級執行役員 コーポレート統括

学 歴

1992年3月	慶應義塾大学経済学部学部卒
2017年5月	スタンフォード大学エグゼクティブプログラム修了

アワード

Institutional Investor社　2015年インターネットセクター　ベストCFOアワード（第2位）

資 格

公認会計士

特 徴

会計，財務をバックグラウンドに3社の上場会社のCFOを経験。また，インターネット業界に約20年身を置き，構造改革，成長，再成長の3ステージの会社で経営に参画している。

■公認会計士になろうとしたきっかけは何でしょうか。

　大学1年までは附属の高校から続けていた水泳部で水泳に没頭していた。そんな中で，将来どうしようかとぼんやり考えたが，特にやりたいことはなかった。ただ，何らか社会に出て役に立つように手に職をつけたかった。そこで思いついたのは弁護士と会計士だった。在学していた慶應義塾大学では会計士の合格者が多く周りに勉強している人も多かったのと，弁護士に比べると合格しやすいと思い，会計士を選んだ。やってみると簿記や商法，経済学などは面白く，興味がわいた。絶対に一度で合格したかったので，1日平均10時間勉強し，1年半後，大学3年生で会計士の二次試験に合格し，監査法人トーマツに入所した。

　監査法人に入ってからは，監査部門に配属され，上場企業や大企業，外資系企業の法定監査や任意監査に従事した。スタッフは，だいたい10社くらいのクライアントを持ち，監査を行う。大きな会社から小さい外資系の会社までさまざまだ。監査法人の仕事の中で今でもよかったと思えるのは，経理部長など会社全体を見る立場の人と，20代の前半から話をすることができたこと，そして1社だけでなく，何社も会社を見ることができたことである。今にして思えば，ほとんどのクライアントの方々は，生意気な若造に対して丁寧に接してくださり，的を得ない質問や指摘にも対応してくださったと思う。また，監査法人というのは普通の会社と異なり，少なくともスタッフレベルで仕事をする分には意識すべき会社的な組織がない。クライアントごとにプロジェクトチームが組成されて監査を行う。したがって，直属の上司というものはなく，クライアントごとに上司も変わる。上司の顔色を過度に気にする必要もないため，組織で働くストレスというのがあまりなかった。段々と実務に必要な知識と経験を習得し，現場主任的な立場を任されるとクライアントの人も一目置いてくれるようになる。

　20代の間監査法人で過ごしたが，忙しい日々ではあったものの，組織的なストレスがなく，ある意味自分の成長だけにフォーカスできた9年間だった。今からしてみれば大変な自信過剰で回りの方々の温かいサポートに恵まれたとしかいいようもない。

■監査法人を退職し，SBIに転職されますが，きっかけは何だったのでしょうか。

29歳で転職をした。監査法人にずっといるイメージはなかった。当時，独立開業する会計士は多かったものの，一般企業に転職をする人は少なかったように思う。自分としては，監査よりももっと主体的に事業に関わりたかった。当時は1999年で，東証マザーズやナスダックジャパンが立ち上がり，インターネットが期待先行ではあったものの大きなうねりとなり，時代が大きく変わろうとしているのを感じていた。考えた結果，その中心的な存在にいたソフトバンクに強烈に興味を持った。最初はナスダックジャパンが立ち上げの時期だったので，その仕事に関わりたくて応募したが，代わりに立ち上がったばかりのソフトバンクインベストメントで投資の仕事をやるのはどうかといわれた。投資をしたり，投資先の役員として経営に携わったりする仕事は面白そうだと思い，入社を決めた。当時SBIは立ち上がって3カ月程度で30名程度の規模のベンチャーだった。しばらく投資先の開拓などの仕事をしていると，幸いにも1,500億円の大型ファンドの企画と組成実務を任せてもらえた。今までは監査という立場でしか事業に関わってこなかったが，最初に当事者として大きな仕事をさせてもらえ，多いに燃えた。ファンドに関しては素人だったが，ストラクチャーやファンドの規約を作り，投資家のデューデリジェンスに対応し，何とかやりきったのは仕事への自信につながった。その後その大型のファンドから数百社に投資を行うことになるので，投資実行や投資先管理，投資家向けの報告など一連のファンド管理業務の責任者となった。

ファンドに関して一通りオペレーションが回るようになると，経営者として仕事がしてみたいと思った。一機能の責任者というより事業全体に責任を持つ立場になりたかった。そこで上司に申し出，投資先の管理担当の役員として経営に携わる機会を得た。肩書こそCFOではないものの，これが自分にとって最初のCFOのキャリアである。31歳のときだった。

投資先はサワコーコーポレーションという不動産の有効活用のためのマンションを建設する事業を行う会社だ。上場会社であったものの，粉飾決算により民事再生を余儀なくされ，SBIがスポンサーで入った。約2年本社のある名

古屋に常駐して再建のために自分なりに努力をし，社長にも信頼してもらえたが，成果が出るまで見届けることはできなく異動となった。自分としてはこれがSBIでの仕事の節目と考え，転職しようと思った。そう思ったとき，ヤフーで経営戦略室長をされていた佐藤完さん（故人）からヤフーに来ないかと誘われた。同じソフトバンク系列であり，CFOの梶川さんとも面識があったのと，投資会社からより事業に主体的に関われるという考えでヤフーに転職した。

■自分のキャリアの分岐点や出会いについて，どのようにお考えですか。

キャリアの分岐点としてあげられるのは，まずはスタートのところだろう。時代的にはバブル景気の後半で，就職には困らない時代だった。ただ，自分としては普通に就職するというよりは何らか手に職をつけて，それを武器に仕事をするようにしたかった。財務や会計に携わる仕事を選べたことはよかったと思う。

2つ目はインターネットという現代において数少ない新しい成長産業に身をおいたことである。衰退する産業に身をおいていたとしたら，おそらく全く違うことになっていたはずである。インターネットは新しい産業で，会社としても歴史がない。人材の層も今と比べるとそれほど厚くないし，組織も非常にフラットだ。既得権益のようなものがないから，正しいと信じるものに向かっていけばうまくいくはず，と心からいえる。

3つ目は経営の仕事に早くから携わる機会を得たことである。経営の仕事というのは，やってみないとわからない部分が多い。経営を補佐する仕事をやって経営を学ぶというのは限界がある。自分が責任をもって判断していく立場にならないと，その難しさは本当の意味ではわからない気がする。また，経営は経験が生きる仕事であり，多くの経験を積んでいくことで経営者としての成長があると思っている。

自分のキャリアは多くは人に恵まれたことによって得られたものが多い。最初のSBIの転職こそいわゆる普通の転職であったが，そこから先については，自分を必要としてくれる人が節目のタイミングで現れた。また，自分から求めていったというよりも，声をかけてくれた場合が多い。そうした機会は貴重で

あり，求められるところで仕事をしたほうがうまくいくと思っている。自分は本当にやりたいことは正直ないが，人の役に立ちたいと思っている。したがって，出会いは大切にしてきた。

■クレオに転籍しCFOになりますが，どのようなことをしていたのでしょうか。

ヤフーに入り，内部監査で1年間会社の各組織について学ぶ機会を得た後，M&Aの部門を任され，数十件のディールに携わった。その中で社長の井上雅博さんから，事業の急速な拡大に対して，エンジニアのリソース不足が顕著なため，開発会社のパートナーを探してほしいというオーダーがあった。クレオは独立系のソフトウェアハウスでは草分け的な存在で，話はトントン拍子に進んだ。40％の出資を行い，ヤフー向けの開発エンジニア部隊を100名体制で用意してもらい，提携が始まった。

役員として井上さんと私が入ったが，しばらく役員会に出席していると，業績の見通しのブレが大きく下方修正を繰り返しており，これはまずいなと思った。井上さんから，「お前半年くらい張り付いてみてこい」といわれ，クレオに常駐するようになった。中に入ってみると感じたのは，管理体制というよりももっと深いところ，経営体質や経営と現場との距離の隔たり，できあがったばかりのパッケージ製品の品質不良でトラブルに苦しんでいる現場の存在などが浮かび上がってきた。率直にクレオの経営陣にも自分の意見をいった。これは半年では済まないと思った。すると，当時のクレオの経営陣から，もっと本格的に入り込んで欲しいという強い要望があり，翌年2006年から常勤のCFOとなった。

クレオで2社目のCFOとなり，5年間常勤で経営にあたった。自分としてこのクレオの経験が経営者としての自分の根源にあると思っている。CFOの間の5年間，体質の改善を急速に進めていった。内容を少し紹介する。まず，不良資産等を徹底的に圧縮した。特に自分が気になったのは，パッケージ製品の開発工数を資産計上することだった。実態が見えなくなるし，本来費用に計上すべきものまで資産に計上し，結果利益が多く出ているように見える。翌年

以降償却の負担もあるので，さらにそれを上回る資産化をする。悪循環である。まずこれを断ち切った。ただ，これは本質的な改善ではない。事業的な構造改革をしないと，事業として成り立っていかない。パッケージ製品の事業収益はライセンス売上，客先への導入支援，保守料の３種類がある。ライセンス売上は製品ライセンスを納入時に受け取るもので，基本的には利益率100％，導入支援は製品を使える状態にするまでの支援で，工数商売，保守料は毎年のストック収入だ。業績のブレの大きな要因は，ライセンス売上への過度な期待と保守料の薄さにあった。本来，製品事業は製品の維持改善の固定費を保守収入でまかない，そのほかの収入は上乗せになる構造が理想だ。だが，保守収入を大きく上回る固定費がかかっていたので，ライセンス収入の計画を高く設定し，黒字化するように計画を作る。ただ，実際そこまでライセンス収入がないと，利幅が大きい分すぐに全社業績にも影響してしまう。したがって，ライセンス依存ではない収益構造を確立する必要があった。大きな構造改革のため，いったん自分がパッケージ事業の責任者となり，ライセンスの計画を大幅に引き下げ，その代わり保守料の水準を倍にした。この改善により，以降ライセンスに過度に振り回されることはなくなった。３つ目はコスト構造の改革である。経費等を細かく見ていくのはやっていったが，どうしても追いつかない。話は単純で，社員１人当たりの売上が当時1,000万円ほどで，これでは人件費と物件費をまかないきれない。売上成長でリカバリーしていくのが基本ではあるものの限度があり，短期的に数倍に増えることはない。苦渋の決断ではあったものの，希望退職を募り100名近い社員に退職してもらった。社員数は連結で1,000名くらいの会社だったのでかなり大きなインパクトである。他にも大小さまざまあったが，構造改革を経て，ようやく安定して黒字が出る体質になっていった。

　CFOをやって５年経過し，いったんヤフーに戻ったものの経営者としてのダイナミズムが忘れられず，半年後再びクレオに戻ることにした。今度は社長として。社長になることが決まって就任前の半年間で進めたのは，持株会社制への移行だった。各事業の独立性が高いのと，数十年長らく事業部制をとってきており，ヤフーの増資によって強固な財務基盤があることも相まって組織の慣れと緊張感のなさが蔓延しているように感じたからだ。また，自分の経営ス

タイルとしては，現業は権限を委譲し，強いコミットメントを持ってもらい，グループ経営をしていくほうがうまくいくと思った。

社長に就任し思ったことは，社長とそれ以外はこんなにも違うのか，ということだ。CFOのときも，社長と同じ視点で物を考えていたつもりだった。しかしながら，どこかで，社長がいるからとか，社長がよいのであればこれはいい，という甘えがあった。しかし，自分が社長になると，後ろには誰もいない。すごく感覚的だが，力がみなぎり，思考力も研ぎ澄まされる。分社化の初年度で非常にバタバタし，新しい会社の仕組みづくりで1年が過ぎたが，過去の施策の効果が出て，5年間赤字だったものが一転大きく黒字化し，その後も安定して利益が出る体質に変わっていった。会社を分割しただけでなぜこれだけ変わるのか？　と思ったが，各子会社の社長も自分と思いは同じで，社長として経営責任を持つことの重みと意識は事業部長のそれとは大きく異なったのだろう。会社の根幹は人であり，人の力を引き出すために組織があり，組織が人に与える影響の大きさを身を持って知った。

■その後，ヤフーに戻りますが，ヤフーでのCFOの役割を教えてください。

2012年1月，クレオの社長としての初年度が終わろうとしていたころ，突然ヤフーの宮坂さん（後のCEO）と川邊さん（後のCOO）が，話があるといい，クレオの本社に来社した。何の話だろうと思ったら，経営体制が変わる，ついてはCFOになってほしいというものだった。自分としてはクレオに転籍もしており，あまりにも唐突な話だったので，少し考えさせてほしいといった。ただ，彼らが自分を強く必要としてくれているのだからやってみようと思い，受けることにした。後になって，なぜ自分に声をかけたのか聞いたところ，正直CFOとして誰が適任なのかわからなかったので，社員に聞いて回ったということだった。

ヤフーにおいては，井上さんの前経営体制のときにCEO，CFOのポジションを早々に設けていて，事業が大きくなるにつれてCOOのポジションが設置された。CFOは2つの役割を持っている。1つは，コーポレート部門全般の長，

財務経理，経営企画および人事，法務，広報，IRなどの本社機能の組織長であり，もう1つは財務の最高責任者として事業計画や投資案件の審議と承認，投資家対応等の資本市場との向き合いなどを行う。経営上の重要な話は，CEO，COO，CFOで話し合う文化というのができており，これは経営体制が変わっても引き継がれていたので，自分としては非常にやりやすかった。CFOの場合，財務戦略等は自ら考え立案していくが，事業や投資の判断や評価にあたってはリスクサイドを重視して耳の痛いことをいう場合も多い。大企業になればなるほど，さまざまなステークホルダーに与える影響も多いため，多角的に意見を集め，総合的に判断をしていくことが重要だ。空気をあえて読まない発言をしたり，本当に納得がいかないときにはCEOやCOOと意見が対立したとしても止めたりすることも必要（単に止めるだけでなく，どうしたらいいか提案をしていかないといけないが）である。株主の資本を預かっているという基本姿勢を常に忘れずに，社内の雰囲気や内輪の事情に流されずに判断をしていく気力と胆力が重要である。

■ヤフーとソフトバンクの関係を教えてください。

　ヤフーでCFOをやっていくうえで，コーポレートガバナンスについては腐心をする点である。ヤフーは1996年，ソフトバンク60％，米国ヤフー40％でのジョイントベンチャー（JV）で始まった会社である。日本でJVの形でできた会社の中では最も成功している例の1つであろう。JVというのは，言葉を選ばずにいえばわりと安易に作れる。本来提携でもいいものを形として箱を作る場合も多いように見受けられる。ただ，運営の難易度は非常に高い。2つの株主の思いというのは，完全には一致しない。別の会社である以上ある意味当然である。また，JVを任された経営陣との思いも完全には一致しない。株主2社とJVのマネジメントが1つの方向に向いてやっていくのは，構造的に大きな努力を必要とする。

　そんな中でヤフージャパンがうまくやってこられたのはなぜか？　社長であった井上さんと宮坂さんの言葉の引用であるが，ソフトバンクは勇猛で大胆な父親，米国ヤフーは寛容で優しい母親として，子供であるヤフーを大きく育

ててくれた。ヤフーインクは技術やブランド，初期の頃はサービス作りに惜し
みない協力とアドバイスをくれ，ソフトバンクは，基本的にはヤフーに全面的
に任せる中で，孫さんの大きな事業構想力の裏づけの中で，重要な局面でのア
ドバイスや戦略の示唆を受け続けた。明確な株主の中での役割分担と，ヤフー
への大きな権限委譲が成功に導いたと思う。（事業ドメインが時代の中で最適
であったというのが前提にある）ソフトバンクとの関係性や関与は非常によく
聞かれる。ソフトバンクの企業統治は，上場会社としてヤフーの独立性を保ち
つつも，重要なパートナーとして事業連携の機会を最大限模索し，活用すると
いうのが基本的なスタンスだ。孫さんには，コーポレートガバナンスに関わる
重要なことや大きなM&Aについては，入念に説明し理解，サポートを得られ
るようにする。偉大な経営者であるため，筋の通った話であれば理解し，サ
ポートをしていただけた。むしろ，どうしても小さくまとまりがちなところを，
もっと大きくやれ，という激励が多かった。

■ヤフーでのCEO，COO，CFOの関係を教えてください。

　COOは事業部門全般を統括し，CFOはコーポレート部門全般を統括し，
CEOは最終責任者という建付けをとっていた。この建付けは以前の経営陣か
ら引き継いだもので，自分の在任中は大きく変わることがなかった。大きな会
社としての方向性や戦略はこのメンバーで話し合い，合意したうえで取締役会
にて決定するという形になる。金額の基準によってプロセスは異なるものの，
投資や予算に関してはCFOが拒否権を持っている。このため，事業部門を統
括するCOOとは意見が対立する場合も結構あり，CEOと意見が合わない場合
もある。ただ，最終的な方向性は皆長期的に会社を成長させるという点で一致
しているため，結論について納得感がないまま決裂するというのはなかったと
思っている。自分はもちろんCEOの部下であったものの，評価を気にして迎
合するというスタンスはとらなかった。また，CEOも全くそれを望んでいな
かった。意見が異なるときには時間をかけてすり合わせた。議論はタフになる
場合も多々あったし，周りからは意見や考え方をもう少し3人ですり合わせて
欲しいというフィードバックももらっていたが，この3人にはこのやり方での

マネジメントがあっていたといえる。

■ **ヤフーでのCFOの管掌部門を教えてください。また，マネジメントに必要なことは何でしょうか。**

　管掌としてはコーポレート部門全般で，財務，人事，法務，広報，CSなど非常に広い。人数的には1,000名程度の大きな所帯であった。自分の下に各分野の執行役員が配置され，執行役員の元に本部以下の組織がある。各分野の執行役員の多くはその領域の専門家であり，本部長以下の管理職も各分野での経験が豊富な専門家の中からマネジメント能力の高い人物が選ばれる場合が多い。このため，自分自身がすべての領域の業務を深く理解し，各専門領域について専門性をもって話し合い，指導育成するというのは不可能だ。

　そうした中で組織マネジメントにおいて自分が重視した点は2つある。1つ目は，コーポレート部門で仕事をするうえでの「マインド」の設定である。専門領域は異なるものの，会社全体を支える部門であるため自分としては共通の価値観を持つ者で構成したかった。大事なマインドを4つのキーワード，「正しさ」「やりぬく力」「ワンチーム」「シンプル」で示し，繰り返し部門全体で浸透させた。2つ目は経営感覚を持った人材の育成である。自分のクレオでの経験から，経営感覚は経営を実践しないと身につかないと思った。なので，グループ会社と本体との人事交流を積極的に行うようにした。本体では一機能の仕事しかできない場合でも，グループ会社では大きな役割を任される場合が多い。強制的に大きな役割に身を置くことで経営感覚が身につくことを狙った。

■ **ヤフーを退職し，グリーに転職されますが，出会いを教えてください。**

　自分はヤフーのCFOを6年間務めて退任した。ヤフーは日本のインターネットの中心となる会社であり，若い感性でよりダイナミックに変化を続けた方が良いと思ったので，自分なりに6年という期間で区切りをつけた。同じく2017年度末にCEOの宮坂さんも退任し，ヤフーは2018年度からまた新たな経営体制に移ったのである。CFOとして，ヤフーをパソコンの会社からスマートフォ

ンで利用される会社への移行，Yahoo!ショッピングのビジネスモデルの転換，ワイモバイルとの提携，決済事業への進出などいくつか非常に悩みながらも大きな経営判断があった。わずか6年の間にこれだけの大きな変化があったかと思うほどである。正直1年1年非常に濃かったので，自分としてはこれで十分だ，と思った。

　退任を決めて，しばらくは解放感で満ちあふれた日々を送った。家族との時間を過ごし，体を鍛え，旅行をし，怠りがちだった自己学習をして過ごす日々を数カ月過ごした。ヤフーには役員を退任した後もシニアアドバイザーとして残り，相談に来る人の聞き役として活動していた。非常に恵まれた幸せな時間ではあったが，ずっとこの生活を続けるとなると物足りないと思った。予想はしていたものの，忙しい日々を送っているときには時間に余裕のある生活を望み，時間に余裕のある生活を送ると逆に物足りなくなった。どんな仕事をしていてもこうした感覚を持つ人はいるだろう。この先も何らか社会と関わって仕事をしていこうかと思ったときに，また自分を必要としてくれる機会が訪れた。

　退任後の時間を過ごしていると，グリーの創業メンバーの山岸さんから突然電話があり，グリーのコーポレート担当の役員として来てくれないかという連絡があった。彼とはヤフー時代から懇意にさせていただいていた。まずは話を聞いて見ようと思い，創業オーナーの田中さんはじめ仲間として働く他の役員と何回か会ってみた。グリーは2004年創業のインターネット企業で，一時期大きく成長したものの社会問題や海外展開の失敗などで規模が縮小し，最近主力のゲームがヒットして再度成長しようとしていた。非常に社員が優秀で生真面目なカルチャーを感じた。自分としては長年携わったインターネットで今後もやっていきたいと思い，かつ紆余曲折ありながら生き残って再度成長しようとしているグリーに興味を持った。そして，もの作りの天才である田中さんを支えてみようと思い，引き受けることにした。

　今CFOとしては4社目の挑戦が始まっている。ここまでの経験が生きている実感はあるが，経験だけを頼りにしていても成り立たない。必要となる根っこのマインドセットは変わらないが，具体的な打ち手は現状や経緯を注意深く見ないといけない。ヤフーという大きな組織では正しかった打ち手も，この環

境では違う場合も多分にある。この挑戦の行く末は不明だが，再度グリーがインターネット業界で輝く存在となるよう，悔いの無いようにやっていきたいと思っている。

■仕事の壁にぶつかったときの対処法を教えてください。

落ち込むときには，無理をせずにとことん落ち込むようにしている。何時間も座って動かないときもある。また，落ち込んだときには感動する映画などを見て涙を流し，心をリフレッシュするようにしている。段々とそのうちに前向きになれる心が芽生えてくる。気力が大切な仕事であり，うまくいかないこともたくさんある前提で，何かしら自分なりに前向きになれる手段を見つけるとよいと思う。

■CFOとして一番大切なスキルとマインドを教えてください。

自分はCFOの仕事は，経営者だと思っている。担当領域，例えば財務経理などのことを取り仕切るのが仕事ではない。アプローチとして数値を使ったりすることはあっても，CEOの立場でものを考えるべきだと思っている。CEOであれば，成長させていきたいという欲求がある。なので，CFOも成長への欲求というのは強く持つべきだと思う。その思いを持ちながら，経営資源の調達，配分への助言，評価を行う。

ガバナンスを利かせるのも事実上は重要な役割で，ある意味最後の砦となる要素もある。

非常に高いレベルでの倫理観や誠実さというのは大切であり，肝が座っているというのも重要である。専門分野の知見というのも重要ではあるが，より以上にマインドセットが重要な仕事だと思う。

■CFO職の魅力をお聞かせください。

CFOはニーズとしては高い仕事だ。一定規模以上の会社であれば，どんな

会社でもCFOは必要になる。また，ファイナンスやコーポレートのファンクションというのはどの会社でも変わらない。なので，自分のように複数の会社でCFOを務めるというのもやりやすい。社長を複数の会社で務めるよりははるかに楽だと思う。欧米ではCFOキャリアで長きにわたって活躍している人は多い。自分の身近な存在としては，元ヤフーインクのCFOのケン・ゴールドマン氏で，彼はシリコンバレーで35年以上にわたり数社のCFOとして活躍され，今なお現役で仕事をされている。自分の目指すところの1つだ。

　仕事はお金を稼ぐという側面はありつつ，今の世の中だと稼いで終わりというにはセカンドキャリアが長い。自分は長く社会との接点を持っていたいと思うし，自分の能力で長きにわたって社会に貢献し続けることができればいいと思っている。CFOというのは普遍的にニーズがあるものなので，長く続けやすい仕事だと思っている。

profile

佐々木 義孝 （ささき よしたか）

1973年9月6日生

職 歴

1996年11月	日本輸送機株式会社（現　三菱ロジスネクスト株式会社）入社　営業部に配属
1999年2月	株式会社ダブリュ・アイ・システム入社　経営企画室に配属
2001年9月	株式会社先端情報工学研究所入社　企画営業部に配属
2003年10月	株式会社コマーシャル・アールイー入社　経営企画室に配属
2005年3月	株式会社プロパスト入社　経営企画室長
2009年6月	株式会社トランザクション入社　経営企画室に配属
2011年6月	長谷川興産株式会社（現　HITOWAライフパートナー株式会社）入社　経営企画室長
2012年9月	長谷川ホールディングス株式会社（現　HITOWAホールディングス株式会社）取締役経営企画室長
2014年2月	株式会社ショーケース・ティービー（現　株式会社ショーケース）入社　管理本部長
2014年3月	株式会社ショーケース・ティービー　取締役管理本部長
2017年4月	株式会社ショーケース・ティービー　取締役CFO
2018年10月	株式会社TOKYOフロンティアファーム設立　代表取締役（現任）

学 歴

平成8年3月　明治大学商学部商学科卒業

資 格

経済産業大臣登録 中小企業診断士
宅地建物取引士
認定上級IPOプロフェッショナル（日本IPO実務検定協会）
プロフェッショナルCFO（日本CFO協会）

特 徴

メーカーやITベンダーの営業から経営企画室長，管理本部長，CFOに転身した異色の経歴。2006年にデザインマンション開発の株式会社プロパスト（東証ジャスダック上場），2010年にセールスプロモーション雑貨の株式会社トランザクション（東証一部上場），2015年にWebマーケティング支援の株式会社ショーケース・ティービー（東証一部上場）の3社でIPOを実現する。IPOを実現した3社共にオーナー企業で業態や規模も異なるが，すべて業績予想を上回って着地。現在，自ら起業した経営コンサルティング会社である株式会社TOKYOフロンティアファーム代表取締役，また複数の会社の社外取締役，監査役，顧問にも就任。著書に「実戦！上場スタート」（財界研究所）。

■3社の上場を成し遂げていますが，上場に必要な要因は何でしょうか。

　上場に必要な要因は，創業者が高い志を持っていることがまずは求められます。そして，ビジネスも上場もやると決めたら最後まで諦めずにやりきる精神力が必要です。

　上場できる会社は，自分たちが創りたい世界が明確で，市場環境を踏まえいち早く先読みし，顧客志向のビジネスモデルで，かつ戦略に基づいた具体的なビジネスプランとなっている会社です。

　また，上場企業は社会の公器として，CSRを果たすべきだと思います。自分の仕事のことで申し上げると，私がこれまでIPOに携わってきた会社は「高い志＝社会性のある経営理念」を持って中長期的な視点で経営の舵取りを行っていましたし，会社に恵まれたと感じています。

　これまで従事した仕事の中で，IPOできなかった企業の例でいうと，事業部や経営企画が取りまとめて積み上げた数字がおかしい，こんな数字では金融機関に説明がつかないという創業者がいました。結局，2倍以上の経常利益で出すという話になり，結果は積み上げた数字で着地しました。積み上げた数字と創業者の思いが乖離してしまっていたのです。

　私がIPOに携わった3社では，こういう事はありませんでしたが，「上場ゴール」になってしまう会社では，おそらくこういう事態が起きているのではないか？　と推測します。やはり社会性のある創業者でなければ，事業は継続しません。

　継続的に成長できる創業者は，自らが壮大なビジョンと自らが創りたい世界を持っています。それは前提として，話が重複して恐縮ですが，社会にどのような価値を提供できるかを常に真剣に考え，高い志を持っている人です。また，私の立場から見て一番大事だと感じるのは，私利私欲ではなく，社会の公器としての認識を持っている人です。コーポレートガバナンスやコンプライアンスの重要性について腹落ちしていないと成長は一過性のものとなります。しっかりと重要性を認識し，それを仕組み化しなければ企業は長続きしないと思います。

■3社の上場を経験して，上場するうえでCFOとしての役割と苦労は何でしょうか。

　CFOとして，創業者との関係で苦労は絶えなかったです（笑）。ただ，苦労をしても，それが同じ目的に向かって，成就できれば苦労と思わないところがあります。

　IPOは，プライベートカンパニーからパブリックに変わるということですから，創業者をはじめ意識を変えていかないといけない。パブリックになるということは，さまざまなステークホルダーからの意見や指摘も多くあります。創業者と仕事をしてきたので，基本的に組織の枠からはみ出た個性的な人たちなのですが，一方でステークホルダーや社員などはサラリーマンであり組織人で常識的な人たちが多く，この橋渡しを行うのがCFOの役割です。辛抱強くないとやれないです（笑）。

　大切なのは，お互いの立場を理解して，相手の理屈より感情に重きを置いて同じ目的に向かわせることです。

　また，私は，人から「上場請負人」といっていただくこともありますが（正直なところ「上場屋」みたいであまり嬉しくない面もありますが…），私が強く思っているのは，「とりあえず上場」ではないということです。

　大事にしてきたのは，参謀は参謀の立場として，上場する目的を社内に，時には創業者に対しても示していかなければいけないという強い使命感です。とにかく上場まで，事務的に持っていけばいいという次元で考えてはいけないのです。

　正直いって，最初に携わり始めた頃は，私もやはり「仕事感」が強く，とにかく事務的に上場まで辿り着こうとしていたことは否めません。

　しかし，やはり上場をする意義や目的をはっきりと掲げることが大事だということが改めてわかってきました。会社をさらに成長させるためなのか，会社の理念を実現するためなのか，企業によって目的が違っていいと思いますが，その目的に向かう一つのステップが上場なのだということです。

　そして，いつも心掛けていたのは，創業者に「信頼」されること。また，同様にステークホルダーにも信頼をされることです。信頼されるように心掛ける，

それが重要でした。

"野球"に例えると，CFOは"キャッチャー"，CEOは"ピッチャー"の存在だと思います。CFOは，利害関係者との調整も含めて，多方面でやらないといけないことが多い役割なので，「バランス感覚」「中庸の精神」が大切です。

栃木県足利市の足利学校に「宥座の器（ゆうざのき）」というものがあります。「宥座（ゆうざ）」とは，常に身近に置いて戒めとするという意味で，孔子の説いた「中庸」ということを教えるものです。壺状の器に水が入っておらず空のときは傾き，ちょうど良いときはまっすぐに立ち，水をいっぱいに入れるとひっくり返ってこぼれてしまいます。

ベンチャー企業は，創業者はもちろんのこと，ジョインしているメンバーの多くがそれぞれ強い思いを持っています。かなり個性が強い集団です。それらのメンバーを同じ方向にまとめ，さらには社外ともベクトル合わせする必要があります。そこで重要な役割を果たすのがCFOです。すべての事柄に対し「中庸」を守ることで，その役割を果たすことができると考えています。これは，人生においてもそうだと思います。

■転職回数も多く，現在まで8社を経験していますが，キャリアゴールはプロ経営者でしょうか。

私は，キャリアゴールは自らの起業と考えています。そこで現在は独立してコンサルタントとして働き始めました。

元々，私はどこの会社でも通用する力やスキルを身につけたかったのです。今は中途採用の需要が多く，引く手あまたかもしれないですが，私は学生時代から，その人にしかできないスキルを身につけて，将来は独立独歩で仕事ができるようになりたいと思っていました。

私の親が自営業だったので，安定をした仕事に就いて欲しいと，親から公務員になれといわれ続けていました。公務員の中でも，私は「国税専門官」になれたら良いな，なんて考えていて，「税理士」の資格も取れるし，どこでも通用する資格だと思い，公務員試験の勉強をしていました。また，もう一方で，高校時代から経営参謀になることを考えていて大学は商学部に入り「公認会計

士」の資格を取れたらなと，漠然と思っていました。結局勉強しなかったですけど（笑）。

ただ，学生時代からスキルを身につけなきゃ，という意識は非常に強かったです。その当時から意欲は十分にありました。

社会人になって最初に営業を経験したのですが，学生時代からの「どこの会社でも通用するスキル」ということがずっと頭を離れなかったです。

なかでも経営企画やIPO，ファイナンスを志向したのは，単に専門性だけでも嫌だと思って，専門性があるゼネラリスト，上手くいえないですが，スペシャルなゼネラリストでありたかった。経営全般をきちっと見ることのできる人間になりたい，会社が成長する中で活躍できる人間になりたい，という思いが強まり，こういう職種を選びました。

今回の独立を機に，まずはIPOコンサルティングやCFO顧問，上場後の資本政策やIR支援といった形で，これまでの自分の経験をもとにクライアントに対して価値を提供していきたいと思います。そして，将来的には自分の強みを活かして，コンサルティング以外のビジネスモデルを構築して，さらなる付加価値を提供していきたいと考えています。

■異色の経歴とキャリアを辿っていますが，どのような考え方を持って今に至っているのでしょうか。

私のキャリアの変遷を簡単に記しますと，営業：2年 → 経営企画：2年半 → 企画営業：2年 → 経営企画：10年（4社）→ CFO：5年となります。この間に会社は8社経験しており，業種もメーカー，小売，IT，不動産，卸売，サービスと多種多様です。また規模もスタートアップから売上1,000億円の企業までさまざまです。

ただ，23年間のサラリーマン生活で8社ということは平均1社当たり3年に満たず，石の上にも3年耐えられない（笑）組織不適応人間です。こんなに転々としているのは時代が変わったとはいえ，日本社会においてはなかなか受け入れられないのが現実と思います。でもさまざまな業種や規模，そしてカルチャーの違いを経験し適応できる能力を身につけたことはキャリア形成におい

て他の人と大きな差別化になったのではと良い方に捉えています。

　上記の変遷を経て私自身は今，３度のIPOの経験と，東証一部上場企業取締役を経て，独立し一国一城の主という立場にあります。よく，若手時代から会社のことを考えるときに，さまざまな場面で「経営者意識を持て！」といわれることが多くありました。しかし，それまでの自分の経験を振り返っても，一スタッフ，一社員としてそうした意識を持つのは本当に難しいことだと実感しています。

　ただ，私が自分自身の中に持っていたのは「覚悟」を持って仕事をするという意識です。もちろん，一社員の立場で仕事をしているときには，最終的な判断はそのときの上司や社長を始めとする経営陣がすることです。

　当然，一社員として判断を仰ぐわけですが，その際に全ての判断を丸投げしてしまうのではなく，「自分はこう思う」という意思，意見を持っているかどうかで仕事の内容も変わってくるのではないかと思います。

　会社は組織で動きます。組織上のさまざまなことで，実際には難しいのは重々承知のうえですが，やはり「もし，自分が社長だったら……」，「自分が独立して個人事業をしていたら……」，どう考えるだろうかという意識の下で仕事をすることが大事なのだと思います。

　私自身が，こうした「経営者意識」を考えるようになった最初は，やはり実家が商売をしていたことにあるのかもしれません。小さいお店ではありますが，個人事業主として資金をやりくりするのは大変なことです。そして，いつの頃からか自分の中で，どんな立場にあっても，ただ自分で決めずに人に動かされるということはしないと決めていたような気がします。

　意識として持っておく必要があるのは，最後に自分を守ってくれるのは自分だということです。会社は当然，可能な限り雇用を守るために努力します。しかし，経済環境によっては，雇用が保証されない場合もあり得ます。こうした意識は，大企業にいようと，中堅・中小企業に居ようと，変わらず大事なことではないかと思います。

　だからこそ，どの会社に行っても，独立しても生きているだけの，自分なりのスキル，「手に職を付ける」という意識と強い責任感を持つことが大事です。そしてそれが真の「プロ意識」だと思います。

■1社当たりの勤続年数が短いですが，CEOや社長等とどのようにして関係を構築しているのですか。

　正直に，誠実に，信念を持って行動することです。稲盛和夫さんではないですが，自らに「動機善なりや，私心なかりしか」を問いかけたうえで，真摯な姿勢で自ら動くことです。

　私利私欲ではなく，周りの人たちが何を望んでいるかを常に考えるのです。

　私は経営陣とのコミュニケーションをとても大切にしていて，常に密に行っています。よく役員合宿みたいな話を聞きますが，そのようにまとめてコミュニケーションを図るのではなく，物理的に近接し日々の立ち話や会食などの積み重ねでコミュニケーションを取ることを心掛けてきました。

　日々の仕事の中では，若手の社会人みたいですが，「報連相」を心掛けています。独断ではやらない，これもコミュニケーションのツールなのです。当たり前のことですが，それができない人が多い。とても大切なことなのですけれど。

　また，部下や周囲に対するコミュニケーションについては，とにかく下手に出ることが心掛けています。立場が上だからといって上から目線になるのではなく，かといって卑屈になるのではなく，相手の立場，目線に合わせてコミュニケーションを取ることを心掛けています。

　部下はみんな上司に対して本音をいうのは難しく，なかなかいわないと思いますが，私自身がオブラートに包んだりせずに，率直に話をするようにしています。時には昼や夜に食事に行ったり，バーベキューを実施したりなどして，ざっくばらんに話してもらうよう心掛けています。

　とにかく，本音で話しやすい雰囲気を作ろうとしています。細かいことにもこだわりません。上司のタイプとして，自らのやり方に強く，明確にこだわりを持つ人は，どうしても口が出てしまうと思います。私はそこまでこだわりが強い方ではありませんが，それでも時々口を出したくなるときもあります。しかし，いわないようにしています。逆にその方が部下からの必要な情報が入ってきやすくなるからです。

　あと，必ず現場に行くように心掛けています。私が今まで所属した会社の業

種はさまざまですが，営業同行したり，現地やモデルルーム，展示会に足を運んだり，時には介護や保育の現場で1日働いてみたこともあります。営業同行や展示会の現場に手土産を持って足を運ぶように心掛けています。所属する自社をきちっと理解することが大事です。残念ながらCFOが管轄するコーポレート部門は，会社の事業やお客様に興味ない方も多いのも，また現実だと感じています。現場とともに汗を流すことが信頼確立の大きな要素だと思います。

■信頼確立が重要とのことですが，何か肝に銘じている考え方などはありますか。

私が実践を心掛けている信頼確立の考え方は以下のとおりです。

◆信頼確立七箇条
1．常に自分目線と同時に相手目線で考える。
2．常に感謝の気持ちを持ち素直に伝える。
3．常に自己反省すると同時に自己啓発を惜しまない。
4．確固たる信念と知識を持つと同時に行動で見せる。
5．営利追求心と利他心を併せ持つ。
6．誠実さ，チャレンジ精神，成長意欲を持ち続ける。
7．山本五十六ではないが，まずは「やってみせる」

1は，「それって相手目線で考えた？」と自問自答すること。

2は，まずは気持ちを持つことが重要，次にいくら気持ちを持っているといっても素直に伝えないと相手にわかってもらえないということ。

3は，反省は重要，それを糧にたゆまず自己研鑽，努力を惜しまないということ。

4は，強い信念と，誰にも負けない知識，スキル，そして情報収集も。あと，何といっても言葉よりもまずは「行動」するとういうこと。

5は，民間企業で働いているのだから利益を追求するのは当然。欲求の塊ではダメで，他人の利益も追求，与える。WINWINの関係を築くことが重要で

あるということ。

6は，誠実，真摯に物ごとに取り組む，そしてチャレンジスピリットを持って，常に成長し続ける気持ちを持つということ。

7は，とにかく，まずは「行動」，背中で見せる。自らが「やってみせる」ということ。

私は信頼確立やマネジメントを早期に確立するために心掛けるべき格言は，連合艦隊総司令官山本五十六元帥のこの言葉に尽きると思っています。

「やってみせ　言って聞かせて　させてみて　ほめてやらねば　人は動かじ」
「話し合い，耳を傾け，承認し，任せてやらねば，人は育たず」
「やっている，姿を感謝で見守って，信頼せねば，人は実らず」
「苦しいこともあるだろう　言い度いこともあるだろう　不満なこともあるだろう　腹の立つこともあるだろう　泣き度いこともあるだろう　これらをじっとこらえてゆくのが　男の修行である」

私自身，いつまで経ってもできているとはいえませんが，常に肝に銘じて心がけるよう努めています。

■CFOとして大きな失敗があったら教えてください。

私はCFOとしての失敗のみならず，ビジネスマンとして生きていく中で失敗だらけだと思っています。すべての人や事柄から学ばなければならない，野球でもバッターは打率3割で一流ですが，7割は失敗しているわけです。失敗がほとんどなわけですから，成功から学ぶのも必要ですが，失敗から学ぶのが重要だと思っています。

私が大きな失敗だと感じた経験は，最大の役割である資金調達に関して，エクイティファイナンスのタイミングを失ってしまったことから，会社の成長どころか資金繰りが厳しくなってしまった状況に陥ったことです。エクイティファイナンスはできるときに実施することが鉄則です。そして調達した資金は

投資に回すだけでなく，半分は内部留保して余剰資金といわれても非常時に備えておくべきです。往々にして資金は，調達の必要のないときにできて，必要があるときにはできなくなってしまうものです。CFOとして心掛けるべきは，資金調達はできるときに実施しておくことです。

　また，とにかく業績を作ることを目的にM&Aを積極的に進める考え方で，デューデリジェンスが甘くなって結果的に大きな火傷を負ったこともありました。積極的な姿勢は重要ですが焦りは禁物です。高い志やビジョンを持ち，明確な事業ドメインを定めてM&Aを実施しないと失敗する，また買収先経営者に任せるのではなく，自らがメスを入れて再生する体制構築とそのノウハウがないとうまくいかないことを肌身で感じました。

　特に上記の経験から，CFOとして重要な仕事である資金調達，M&A，そして人材採用などについてはバイアスもかかりやすい事項でもあるので，最近では，以下を自分にいい聞かせています。

　「重要な決断を迫られても，決して即断しない。行動指針は『情報は早く，行動は遅く』情報を取るのは早いほうが良いが，決断は急いで下さず，少し間を置く。即断した場合，その時の精神状態によって異なった判断をしてしまう危険性がある。しかし，例えば，一晩置くことで，冷静な精神状態で決断できたり，他人の客観的意見を参考にしたりする間合いができて，より良い決断ができる可能性が高まる。また，いたずらに一時的な情報に踊らされるという可能性も低くなるのである」

　失敗に対する心掛けとして大事なのは，うまくいかないときに客観的に自分自信を見つめ直し，他人のせいにせず，全ては自分の至らなさのせいだと認め，何が自分に足りないのかを考え，改める謙虚な気持ちだと身を持って感じています。人間は他人のことは評価できても，自分のことはわかっているようで案外わかっていないものです。常に的確な自己分析を心掛けるべきです。

　そして私は，「うまくいったときは他人のおかげ，運が良かっただけと考え，うまくいかなかったときは自分のせいと考える」ようにしています。

■CFOとして一番大切なスキルとマインドを教えてください。

　CFOは，名前のとおり最高財務責任者であり，かつ多くの会社では財務の
みならずコーポレート部門全体の最高統括責任者でもあります。したがって，
財務の知識やスキルだけあれば良いものではなく，会計，法務，組織・人事，
情報システム，マーケティング，そして事業と幅広い知識とスキルが要求され
ます。この知識習得には，私は中小企業診断士の資格取得は大いに役立ったと
考えています。

　また，当たり前ですけど，創業者の右腕となる仕事ですから，自分自身が経
営者意識を持たないといけないです。それは常に意識しています。

　元々，実家が自営業だったということで，資金繰りやお金の大切さを子供な
がらにも感じていました。親を見ていて，自然と何が大事か感じていたのだと
思います。

　また，創業者の考えをよく理解するため，松下幸之助，稲盛和夫の本を読み
ました。あとは，個人的には徳川家康が大好きで，ビジネスマンの心構えとし
て，特に私のような凡人には勉強になることがたくさんあります。いつも「家
康だったらどうするか？」を肝に銘じて行動するよう心掛けています。

　スタッフの頃もマネージャになった頃も今も，いつのときも変わらないです。
自分のやりがいを感じるのは，創業者に喜んで貰うことです。創業者は，理念
や目的があって起業して，成長させていくために必死でやっている，自分自身
がその一助となれたと感じるときが，一番やりがいを感じるときですね。

　部下にも自分が社長の立場に立ち考えてごらん，と話をします。社長と社員
は当たり前ですけど，視点が違う。社長は部署や業務だけでなく，事業，資金，
組織，人事，リスクマネジメントなど全体をみて，その中でのバランスとって
判断をしなければなりません。だから，私は部下には1つや2つの視点ではな
く，全体のバランスを見て考えるのだよ，ということを常に伝えています。自
分が社長だったらどうするのか？　もっというと，自分が裸一貫で独立して，
ヒト・モノ・カネを動かす立場だったらどうするのか？

　CFOという立場になって，「相手の話を聞いて受け止める」ことがCFOとし
て重要なスキルだと思っています。創業者は皆孤独を抱えていて，多方面にい

ろんな悩みを抱えているのです。だからこそ，CFOをはじめとしたCXOのメンバーが，それをきちんと受け止める必要があると思います。素晴らしい回答をすることよりも，きちんと受け止めて考えさせてあげる。自分が答えを出すというより，答えを導いてあげる。これは，1社目の事業会社で営業の経験を積んだことで鍛えられました。

また，何をするにしても，やっぱり人間力を鍛えることが大事だと思いました。だから，私はスキルを上げる，資格を取る，実績をつくる，そのためIPOを実現する，またそれ以外にも人格を高めるため，中村天風の本を読んだり修練会に参加したりと自分自身を高める努力をしてきました。私は勉強もできず能力も高くないので，人の数倍努力しないと人並みには仕事できないと思っています。

その中で，たくさん辛いこともありましたし，挫折しそうなこと，違う職種に行くことも考えました。ただ，今の私があるのは諦めなかったことです。最後は根性とか意地，粘りですね。

私は，今の働き方改革と逆行した考え方かもしれませんが，気合と根性，精神論を大事にしています（笑）。

■CFO職の魅力をお聞かせください。

CFOは創業者から信頼されると同時に組織を纏めていく人間力と的確な決断力が求められます。仕事の幅がかなり広く，俯瞰的に物事を見る力が必要ですし，このスキルはどこの会社でも通用するもので，身につけると一生食いっぱくれがないといっても過言ではない，大変やりがいのある仕事だと思います。

会社全体の戦略に沿って動くだけではなく，作ろうと思えば，戦略作りから携わることができます。そのうえで組織作りも経験できる。創業者ではない人間が，会社の根幹に関わる仕事ができるという点は大きなやりがいにつながるのではないでしょうか。意外と，そうしたポジションであることを理解しないままに仕事をしている人が多いのではないかと思いますが，それは非常にもったいないことです。

また，特にベンチャー企業において強くいえることですが，会社のパフォー

マンスが最大化するのは，創業者が最高のパフォーマンスを発揮したときだと思います。CFOは創業者に対して，そうした環境を用意するという意味でも重要です。

創業者がきちんとした経営判断ができるように，社内外からの情報提供を含め，徹底したサポートをしていく。さらに，情報を出すだけでなく，コーポレート部門の責任者と俯瞰的な観点から，「自分は，こういう方向で進めた方がいいと考える」といった意見を述べることもが必要です。

最終判断，責任を持つのは創業者であり社長です。そこに至るまでの材料は，必要なものであればあるに越したことはありません。当然ですが，そのときに経営判断に意味のない無駄なものを出しても仕方がありません。

会社がどこに向かって，どんな仕事をしているのかをきちんと理解したうえで，必要な材料を出すことが求められます。その見極めをするのも，CFOに求められる仕事なのだと思います。

そして，ベンチャー企業では大企業ではありえない「スピード感」と「朝令暮改」が求められます。大企業に打ち勝つためには超高速での意思決定の必要がありますし，一度決めた方針に関しても状況変化に応じて即座に方向転換する必要があります。

会社が環境変化に即応してダイナミックに事業展開していくために，朝令暮改は悪ではなく善である，CFOはコーポレート部門をまとめながら会社の成長を支援し続ける気持ちで仕事に取り組む必要があります。

CFOは会社を支える重要な役割です。主役ではないかもしれませんが，「最高財務責任者」であると同時に会社内部の「成長最大化支援責任者」である，そういう意識を持つことが重要であり，大変魅力のある仕事だと感じています。

profile

鈴木 裕之 (すずき ひろゆき)

1970年6月12日生

職 歴

1993年4月	第一生命保険相互会社（現：第一生命保険株式会社）入社
1998年4月	支部長代理（赤羽支部担当）
2000年9月	株式会社プライス・ダウン・ドット・コム 経営企画マネージャー
2002年1月	株式会社ネクストジェン 管理部門マネージャー
2007年11月	株式会社インターコミュニケーションズ（現：エクスコムグローバル）取締役（管理部門管掌）
2009年8月	株式会社ミサワ 管理部マネージャー
2011年9月	株式会社ミサワ 取締役（管理部門管掌）

学 歴

1993年3月　立教大学社会学部産業関係学科卒

特 徴

管理部門系の職種へキャリアチェンジする前に7年間の営業経験を有し，キャリアチェンジ後はベンチャー企業にて実地経験と独学により管理系業務全般（経理・財務・総務・人事・労務・システムetc…）を習得する。営業経験を活かした判断軸で管理業務全般を効率よく実行し，IPO経験2回，一部上場（指定替え）経験と合わせて3回の上場を経験する。

■大学を卒業して第一生命保険相互会社（現第一生命保険株式会社）で
　営業を 8 年間経験した後，キャリアを変更しますが，何がきっかけ
　だったのですか。

　保険の営業は目に見えないものを販売するので，いかにして自分を信頼して
貰うかが決め手でした。当時，それなりに結果を残していて，営業力にはかな
り自信がありましたが，第一生命という大きな看板を背負っての結果であるこ
とも感じていました。また，入社して 7 年が経過し会社のことも良く見えてき
て，ロールモデルから自分の将来が何となく想定できるようにもなっていまし
た。

　漠然とこのままで良いのかな，何かもっと大きな勝負ができないのかなと考
えていたときに小学校の同窓会に参加しました。そこで再会した同級生の女性
が独立起業して何の看板も無く，彼女だけの力で勝負していることに刺激を受
けたのが転職を意識したきっかけです。そのとき初めて本気で第一生命という
看板を外して勝負してみたいと思いました。ですが，このときから，実際に転
職に踏み切るまで 2 年かかっています。理由は 2 つです。1 つは，やっぱり安
定収入を手放す勇気がすぐに出なかったこと。2 つ目は，今思えば勇気の無さ
を正当化する理由でしかなかったのですが，自分の中で後悔しないようしっか
り区切り（昇格）を付け，同期に逃げたと思われずに退職したいと思ったから
です。単なる見栄というかプライドです。でも残念ながら 2 年で思うような結
果は出ず，昇格は見送られてしまいました。あと 1 年かけて再挑戦するという
選択肢もありましたが，当時の上司は，昇格が見送られたことを伝えに来たと
きに，まるで事務連絡でもするかのように，「ダメだったから」の一言でした。
お酒でも飲みながら，「俺の力が及ばず，1 年延びてしまったけど頑張ってく
れるか？」という感じでいわれたら，もう 1 年頑張ったかもしれません。上司
への忠誠や会社への誇りみたいなものがプツンと切れた瞬間でした。

　さらに，当時はITバブルの黎明期。ヤフーや楽天が台頭し始め，インター
ネットが世界を劇的に変えてしまうという期待感が世間に充満していた影響か，
根拠の無い自信みたいなものがあって会社が評価してくれないのなら，転職市
場に評価して貰うだけだと考えてしまったのも事実です。さらに，恐る恐る妻

や義父に相談したところ，逆に「やっと自分の力だけで勝負する気になったのか」と，大賛成されてしまいました。義父は今でいうベンチャー企業の営業責任者で90年代に中国の大連に工場を立ち上げるなど，ビジネスにおいて一定の実績を残した方です。一方で「お前さえ我慢すれば安定した生活ができるのだぞ」と父には難色を示されました。父は映画を撮りたいという夢を追いかけて小さな映画会社に入り，姉と自分が生まれたのをきっかけに生活の安定を求めて大きな会社に転職していました。父の世代は終身雇用が主流だったので，転職組みの父が出世するのは大変難しかったようです。ゆえに，せっかく大卒で入社した大きな会社から，好んで不安定な小さな会社へ行こうとする自分の行動に複雑な思いがあったのだと思います。ちなみに同窓会で再会し，漠然と転職を意識していた自分に明確に転職を意識させてくれた女性は，その後，妻となりました。当然のことながら，妻は独立起業組みで自分の力で勝負していたので，後日，自分の力で勝負（転職）しようとしない自分の態度がもどかしかったというような主旨の話をされました。

■営業経験はCFO業務にも役立っていますか。

　まず，CFOという呼称についてですが，自分は目の前の仕事を必死にやって来た結果，CFOに近い業務を任されているだけだと思っています。新興市場への2回の上場経験と一部への指定替えの経験で少しだけCFOに近づけたと思う部分もありますが，今でもCFO経験者というよりは，目指している最中だと思っています。

　8年間の営業経験，特に最後の2年間の営業責任者としてのマネジメント経験は非常に役に立っていると感じています。

　最後の2年，20名弱の営業拠点に機関長として赴任したのは27歳のときでした。機関長のミッションは機関の成績を上げること，所属する営業職員さんの取って来る保険契約の合計が機関の成績であり，自分の評価となります。したがって，部下である営業職員さんの成績を上げることと，営業職員さんを採用して育成することが主な仕事でした。

　保険の営業職員さんは，年代も育った環境もさまざまで，いろいろな考えを

持っていました。女手ひとつで子育てしている人，専業主婦から社会に復帰してみようと働き始めたばかりの人，OLを辞めて転職した人，この道何十年という大ベテラン，帰化したばかりの元は外国籍の人，学歴も職歴も本当にさまざまな人の集まりで価値観も仕事に求めることも人それぞれでした。これらのいろんな方向を向いている人たちを1つの方向に向け，組織力を高めていくというマネジメント業務を27歳という若さで経験できたことは非常に大きかったと思います。例えば，同じ感謝の気持ちを伝えるにしても相手によって伝え方を変えたりしていました。直接1対1の面談で伝えたり，わざと間接的に耳に入るように仲の良い営業職員さんに対して，「○○さんが締め切りの日に出してくれたあの1件，助かったなぁ」なんてコメントしたりしました。また，営業職員さんは歩合制なので同行営業で失敗した日には目も当てられません。逆に，同行して契約を獲得したときに得られる信頼は非常に大きかったと思います。当時の自分の評価は機関の営業成績ですので，いかに限界を超えて営業職員さんに頑張って貰えるかが自分の評価を大きく左右しました。あと1件成約すれば機関の予算達成という場面で，既に個人目標達成済みの営業職員さんにあと1件お願いできるかどうかが安定した経営成績を継続できるポイントの1つでした。これは，普段の同行でどれだけ信頼を獲得しているかが大きく影響しました。「もうしょうがないわね，本当は次月の立ち上がりに回すつもりだったのに，困っているなら今月分にするわよ」という感じで組織のゴール（予算達成）に協力してくれる営業職員さんが多いほど組織は安定しました。第一生命で得たマネジメントの基本は，部下それぞれの考え方を把握すること，そして信頼されることであり，その信頼は部下が困っているときに効果的なサポートをすることの積み重ねが大切であるということです。あとは，自分の目標を部下に共有して，同じゴールを目指して貰う環境（組織）を整えることだと思います。CFOというポジションも会社の規模に関係なく，部下をマネジメントして，組織の目標を達成する立場にあると思います。したがって，今でも3カ月後，1年後，どういう組織にしたいか，そのときどういった役割を担って欲しいのかは常に部下に伝えるよう心掛けていますし，部下から相談されたときは最大のチャンスだと思ってサポートするようにしています。

■その後，ベンチャー企業に転職して管理系のキャリアをスタートしますが，経理業務，管理会計，財務基準の実務はどのようにして覚えていったのですか。

2000年に30才で転職した会社は，インターネットビジネスを立ち上げようとしている会社でした。当時は楽天がやや勝ち組として台頭し始めていた時期でしたので，後を追うような会社が雨後の筍のように出て来ていましたので，募集がたくさんありました。

そんな会社の経営企画職の募集をいくつか選び，営業経験しか無かったので，苦戦覚悟で応募しましたが，応募意思を示したほぼ全ての会社から面接依頼（書類審査合格）の連絡が来ました。思えば，インターネットビジネスの黎明期だったので，若さとやる気があればOKという募集が多かったのだと思います。おかげさまで，キャリアチェンジでしたが年収を維持して何社か内定をいただくことができ，その中で確実に経営企画職に携われそうだと感じた会社を選択しました。

どきどきしながら転職初日を迎えたのですが，初日に指定されたオフィスに行くと，自分が入社することを知っているスタッフは誰もいませんでした。とりあえず応対に出たスタッフに応接スペースに案内されましたが，応接スペースは簡単な間仕切りがあるだけでしたので，何だか知らない人が来ているけど誰だろうというスタッフの好奇の視線を浴びて待つことになりました。待つこと30分，電車遅延で遅れていた採用担当者が現れるまでは，とんでもないところに来てしまったと後悔したことを覚えています。今にして思えば仕組みや制度，教育等全てにおいて何も無いというスタートアップのベンチャー企業では当たり前のことですが，当時は全てが整っている大企業からの転職でしたので，非常に戸惑いました。でもすぐに，気を取り直して何もないということは逆に全て自分で作り上げることができるということ，自分から仕事を取っていけば良いと考え，インターネットを駆使して調べていろいろなことを提案していくことにしました。この頃の経験が，社内教育として教わるより自分で調べて，仕事を進めていく，答えは自分で捻り出す。出した回答（実行）には責任を持つという慣習が身についていったのだと思います。

こんな感じで初歩的な財務経理系の業務を勝手に覚えていき，仕事が楽しくなり始めた矢先に経営陣の交代が起こりました。自分を採用してくれた社長が退任し，経営体制とビジネスモデルが大きく変わることがわかり，入社僅か6カ月でしたが，早々と退職を決意して次の会社へいくことにしました。

次に転職した会社が初めて本格的な財務経理系，管理系の業務を担当した会社になります。僅か6カ月ですが職務経歴書には経営企画職と記載ができましたので，思い切って管理系の職種を中心に転職活動を行いました。その結果，北米で成功していた電子メールのマーケティングの会社のライセンスを取得して日本で同じビジネスを展開しようとしている会社の管理部門のマネージャーとして採用されることができました。

面接では，「あなたにとって仕事とは何ですか？」と聞かれたので，「絶対に楽しくなければならないものです。なぜなら，1日のうちの起きている時間の大半は仕事をしているので，仕事を楽しいと思えなければ，60歳になって人生を振り返ったときに生きている時間の大半が楽しく無かったことになってしまうからです。」と答えました。後日，面接を担当された方が管理部門のマネージャー採用の権限のある方の考えと全く同じだったことを教えてくれ，このコメントが採用の決めてだったと教えてくれました。2回目の転職もめでたく年収を維持したまま次のステップに進むことができ，第一生命の同期へのプライド（対抗意識）は保たれました。この頃のモチベーションの根源は，会社に残って順調に出世している同期の年収に絶対に負けたくないという思いでした。

この転職2社目の会社は当時流行っていたハンズオンという，お金だけではなく人も派遣して，その会社の経営に深く関与するスタイルで投資を行う投資ファンドが出資していました。したがって，管理部門のサポートも結構手厚くして貰えました。ここでサポートを受けながら，月次決算業務，人事労務，取締役会運営，法務審査，IPO準備のための規程整備等，管理部門の業務を覚えていきました。

やっと良い会社に転職できたと思ったのですが，入社後すぐに資金繰りが尽きかけていることを知りました。面接の時点で恐らく想定できていたと思われ，その事実を知ったときは，正直騙されたと思いましたが管理系の経験の無い自分にはチャンスだったので，踏ん張ってこの会社を存続させれば良いと前向き

に考えました。そこで，事業計画を策定して，別のファンドに出資を仰ぐため5〜6社くらい説明に行きました。事業計画を説明して出資を仰ぎながら，売掛金の回収が遅れると月末の支払いが厳しいといった，なかなか経験できない過酷な環境は，今思えば非常に良い経験をさせて貰ったと思っています。それまでは管理部門の人たちのお給料は自分たち営業が稼いできているのだから経費なんて使って当たり前と思っていました。でも，実際に資金繰りの厳しい会社の財務経理を担当したことで考え方が180度変わりました。使うべきときと抑えるべきときがきちんとあって，その判断力が非常に重要だということを学びました。結局，出資に応じてくれたのは1社のみで，残念ながら会社は解散することになりました。この会社に来て9カ月目のことでした。この頃，大学の同窓会があり，久し振りに学生時代の仲間と話す機会がありました。そのとき，転職してベンチャー企業に転進していたのは自分だけで，大学の同期は皆，最初に就職した大企業に勤めていました。また，風の便りで自分が転職し，行く会社が潰れたりして1年持たずに何度も転職していると噂になっていたところでしたので，かなり心配されてもいました。同窓会で「転職してどうするの？」と聞かれ，思わず，また見栄を張ってもっともらしく「CFOを目指して財務経理の仕事をしている」と答えました。当時，ちょうどCEO，COOに続いてCFOという言葉が世間で通用するようになり始めたときで，CFOの何たるかも知らずに転職が成功だと思われたいという一心で答えました。今思えばこのとき初めて明確に自分のキャリアビジョンとしてCFOを目指すようになったのかもしれません。今でも自分はCFOになったとは思っていませんが，言葉に出していうことは夢に向かって大切なことなのだなと思います。

　残念ながら転職2社目は解散となってしまいましたが，この会社での仕事振りを評価していただき，出資していた投資ファンドの担当者から，別のスタートアップの会社の管理部門のマネージャーをやらないかと誘われました。解散による撤退作業で従業員の転職先を探すこともしていましたので，自分だけ次に乗る船が決まることに抵抗感があり，断ろうと思いましたが，スタートアップの管理系業務の全てに関わることができるという経験は滅多にできないと考え，全てのスタッフの行き先が決まった後で良ければお受けしたいと伝えて，OKを貰いました。この転職3社目（経験4社目）の会社での経験が経理業務，

管理会計，財務基準の実務等を覚えさせてくれました。

■転職３社目，７年後にヘラクレスに上場しますが，どんな苦労がありましたか。

　この転職３社目の会社はネクストジェンという会社で，この会社に巡り合えたことが人生の転機となりました。ちょうど，IP電話という言葉が巷に出始めた頃です。IP技術による音声ネットワーク構築が可能となり，それまでの常識では考えられなかった電話会社の新規参入が実現してしまった時代です。

　ネクストジェンという会社は，商用IP電話中継インフラの構築に関する最新の技術を有し，当時の電話会社新規参入を技術的に支えたチームがスピンアウトし，そこに商社系のファンドが出資して設立された会社です。設立当初は10名前後の技術者の中で管理系は自分ひとりという体制でのスタートでした。

　ビジネスモデルと会社の規模から管理系の業務はその後も２名で充分回せる環境でしたので，アシスタントの女性スタッフ１名のサポートを受けながら，ほぼ全ての業務をプレイヤーとして実行しました。前職で資金繰りに苦労した経験がありましたので，コストに関してはかなりシビアになり，オフィスのLANケーブルの敷設などのインフラ整備は全て外注せず自前で行い，新入社員のPCはネットや秋葉原で最安値のものを探して購入したり，机や椅子は関連会社の廃棄用のもので状態の良いものを譲り受けたりしていました。会社の設立から関与し１回目の株主総会および取締役会議事録の作成も自分で行ったくらいでしたので，上場審査において，主幹事証券会社の公開引受部や審査部，そして上場申請後に証券取引所の審査部から受けた質問に関しては，ほぼ全ての回答案を１人で作成することができました。通常IPO準備というと多くのスタッフがプロジェクトチームとして分業で取り組むことが多いかと思いますが，ネクストジェン社では最終的な判断は，当然経営陣でしたが，各種案件において原案を作成するところは，ほぼ全て携わりましたので，結果として，IPO実務に関しては網羅的に経験させてもらうことができました。また，このときに上場を実現した経営陣の判断，思考を身近に感じることができたこと（経営に近い環境に身を置くことができたこと）が，後に現職において自身が経営に参

画する立場になったときに非常に役立ったと感じています。

　苦労についてですが，正直なところ最後は上場を果たしていることもあり，苦労したという記憶が無く，良い経験（スキルアップ）をしたという思いしかありませんが，上場準備において，トラブルは付き物で，たくさんのトラブルをクリアして上場承認を取り付けましたので，その中で記憶に残っている自分の中で一番大きなトラブルについてお話したいと思います。上場承認を受けるためにはいくつかの基準をクリアしなければならないのですが，一番厳しく確認されたのが業績予想の精度でした。上場時に発表した業績予想がすぐに修正となってしまった場合，審査は何を確認していたのだという話になりますから当然といえば当然のことなのですが，当時上場承認直前に納品したシステムのお客様の検収印がお客様の会社の印ではなく，ご担当者の方の個人印が押印されていることが判明しました。審査官より，会社印では無いので検収が上がっていない可能性があるため，そうではないことを証明しなければ，業績予想にも影響するので上場承認はできないといわれてしまいました。システムは納品済みで安定稼動しており，お客様より代金のお振込みも済んでいる案件でしたので，入金の事実をもって検収が上がっていることの証明にならないか確認しました。ところが，審査官からは，別ルートでお客様に送金して，請求書指定の口座にお客様より返金（着金）して貰えば，支払実績も作成できるので，着金履歴は証明にはならないという回答でした。納品しているのはシステム，ソフトウェアですので，お客様が使用している様子を画像で伝えることはできません。最終的には，納品したソフトウェアを格納している自社サーバー内の全てのフォルダの中身を画面印刷し，第三者である主幹事証券会社の担当者が持参して，お客様を訪問し，お客様のサーバー内に同じフォルダがあること，きちんと稼動していることを確認したことを持参した印刷物に記載して審査官に提出することで，何とか事なきを得ることができました。記憶があいまいな部分もあり，もしかしたら細部に違いがあるかもしれませんが，本当に上場承認直前のできごとで，それまでの数年の努力が水の泡になることを想定してとても焦ったことを記憶しています。

■上場を経験した会社を辞め，なぜ別の会社でキャリアを積もうと考えたのですか。

　実は，上場実務経験者となったことで，自身のキャリアの市場価値がもの凄く上がっていることを理解していました。当時はリーマンショック前で200社近くがIPOしていましたので，上場実務経験者は上場を目指す企業からひっぱりだこでした。また，直属の上司である管理部門管掌の役員の方とは，それほど年齢差がありませんでしたので，上を目指すというビジョンも描き難かったことも影響しました。実際，転職エージェントに登録してみたところ，当時の年収プラス300万くらいのオファーが殺到し，若かったので上場請負人みたいなキャリアプランもあると錯覚してしまったのです。転職エージェントに登録してすぐに上場を目指す会社からたくさんのオファーを受けて，次の会社に転職しました。この転職4社目で2回目の上場準備をしていたときにリーマンショックが起こり，この会社は上場を断念してしまいます。上場をしないとなると，管理部門に高給取りを置いておく必要がなくなります。会社に迷惑をかけたくなかったのと，またすぐに別の会社に転職できると安易に考え，辞表を提出しました。ところがリーマンショック直後にIPOを目指す会社はほとんどなく，年齢も39歳，現年収も高く，書類審査は全くといっていいほど通りませんでした。希望年収を現年収から200万円以上も下げて活動し，なんとかリーマンショック後でも業績が順調でIPOを目指していた現職の株式会社ミサワに転職することができました。

　この時期は自分を見つめ直す良い機会にもなったと感じています。実は転職回数が多いことも，なかなか書類審査が通らないネックになっていました。前回オファーが殺到した転職時に1社だけ転職回数が多いことを理由に書類審査が通らなかった会社があったのですが，そのときは気にも留めませんでした。好調時に不調要因は隠れて発生しているということを，このときに身をもって痛感しました。また，自分のキャリアを形成してくれたのは，ネクストジェン社であり，いつかきちんと恩返しをしなければとの思いを強くしたのもこの時期でした。戻ることはできないけれど，次の会社でネクストジェン社に恩返しをしているつもりで頑張ろうと思ったことも，その後のモチベーション維持と

キャリア形成に繋がったと思います。

■前職までの経験を活かしてどのように上場準備を進めましたか。また，上場準備においてどのようなことに苦労されましたか。

　入社当時の管理部門は宇都宮にありましたので，最初の3カ月はウィークリーマンションで結婚以来10年ぶりの一人暮らしを経験しました。3カ月かけて現状を把握し，その後は週2日宇都宮，残り3日は東京という生活を2年近く続けました。会社の規定方針として，上場後に管理部門を東京に移すことが決定していましたので，宇都宮で就業しているスタッフの処遇と移転業務を滞り無く実行することの両方を考えなければなりませんでした。宇都宮で就業するスタッフ全員が東京移転後に勤務できることは考えられませんでしたので，体制整備のための増員は東京採用で社宅付与，移転時に東京に戻ることを前提とする条件で採用していきました。

　最初に手を付けたのは，既存の経理スタッフに適時開示について説明し，有価証券報告書と決算短信の目的と違いを理解してもらい，なぜ月次決算を迅速に実行しなければならないかを理解してもらうことでした。当時は今と違い，株主保護という名目でスピード重視，30日以内の短信発表が強く推奨されていましたので，迅速に決算を締める能力が管理部門にあるかどうかは重要な審査基準の1つでした。続いて，業務上関連する法律関係（下請法，労働基準法，安全衛生法，品質表示法等々）についての適応状況を確認して整備し，入社時点が第53期でしたので，過去52期分の取締役会議事録を書庫から探し出して読み込み，株主名簿（保有株式数）の確認などを行いました。規程の整備やサーバーのセキュリティ管理状況の整備や過去の労働債務の有無の確認等，多岐に渡る作業を実行して行きましたが，これらの準備業務に関しては経験がありましたので，優先順位を付けて効率的に進めることができたと思っています。

　2回目の上場準備対応で一番違ったことは，審査より提出を要求される資料について，審査側が何を確認したいからその資料を要求しているのがわかるため，効果的な回答を効率良く作成でき，追加質問を減らすことができたことです。順調に準備は進んで行きましたが，やはりトラブルは発生しました。ここ

では大きなトラブルを2つ紹介したいと思います。1つは上場準備中に主幹事証券会社が過去に取り扱った上場申請案件において不正会計（売上の水増し）が発覚し，当該会社が上場を取消されるという不祥事が発生したことです。当時は上場可能な会社を証券会社が取り合う状況でしたので，他の証券会社の担当者から，ミサワが契約している主幹事証券会社からの申請を証券取引所が受付けないかもしれないから，主幹事を変更したほうが良いという営業提案を受けました。主幹事の変更は新しい証券会社に一から上場審査を受け直すことになるため，申請が1年遅れることを意味します。当時，相当悩みましたが1年遅らせることは，それだけリスクが増えることになります。また，上場準備中に何が起こるかわからないので行ける（業績好調な）ときに行くというのは鉄則です。正直なところ，相当悩みました。最終的には，証券取引所の審査が必要以上に厳しくなることはあるかもしれないが，申請を受付けないということは無いと判断し，そのまま主幹事を変更せずに準備を継続しました。結果的には取り越し苦労で無事申請は受け付けられ，主幹事証券会社にとっては禊の案件となりました。

　2つ目は，申請直後に直営ECサイトから情報漏えいを起こしてしまったことです。不正アクセスにより，1万7,000件の個人情報がミサワの顧客管理サーバーから抜かれてしまいました。不正アクセスを受けたサーバーは外注先のものでしたが，外注先とはいえセキュリティに関する管理責任は発注元にあり，経済産業省に状況と対策を説明に行かなければなりませんでした。所轄の警察署に被害届を提出し，コールセンターを立ち上げて不眠不休でお客様対応の指揮を執りつつ，証券取引所への説明資料の作成を行いました。証券取引所の判断は，当社も不正アクセスを受けた被害者でもあり，再発防止策をしっかり説明して貰えれば，上場審査においては問題にならないということになり，事なきを得ています。ちなみに，情報漏えいが社内のスタッフの故意によるものであった場合にはおそらく一発アウトだったといわれたことを記憶しています。

　振り返ってみると，当時もう少し最新のセキュリティに関する意識があれば，防ぐことができたと考えています。不正アクセスでご迷惑をお掛けしたお客様には大変申し訳ないことをしたと今でも思います。

■その後，マザーズ上場，東証一部指定替えを経験しますが，成功の要因を教えてください。

　成功の要因というご質問ですが，成功の要因は全てのスタッフが頑張って結果（売上）を出したからでしかありません。強いていえば，自分にはIPO実務経験がありましたので，準備に遠回りがなく，効率よくIPO準備ができたことで，コストとスピードに少しだけ貢献できたくらいだと思っています。一部への指定替えについても同じで，全スタッフが頑張って結果（売上）を持続してくれたからです。短期間での指定替えであり，ビジネスモデルに変更があった訳ではありませんので，一部への指定替えの審査はIPO審査時から状況が変わった点の確認だけで，それほど時間もスキルも必要としなかったと思います。当たり前のことですが，上場成功の可否において業績が締める割合は非常に大きいということです。

■最後にCFOとして一番大切なスキルとマインドを教えてください。

　CFOというよりは，組織マネジメントを任される立場において，重要と考えているスキルとマインドについてお伝えしたいと思います。組織を責任者として運営するうえで一番大切なことは，結果を出し続けることです。そのためには，安定したスタッフの配置（育成）が不可欠です。人の成長は場数を踏むことだと思いますので，スタッフのキャリアビジョンやスキルセット，育成段階に応じた適切な目標設定と業務へのアサインを実行することが一番大切だと感じています。これを実行するには，常にスタッフの考えを把握しなければなりませんので，自然とコミュニケーション能力（面談スキル）は向上するのではないでしょうか。次にマインドですが，こちらは，2つあります。1つは，上下双方に対して正直であること，2つ目は，好奇心を失わないことです。1つ目は，組織マネジメントにおいて一番重要視している信頼が維持できると思っています。仮に周囲が気付かなくても，自分の判断ミスが起因したと思う失敗は必ず自分の責任であることを周囲（上長，部下双方）に明確にするようにしています。2つ目の好奇心ですが，仕事に慣れてくると創意工夫がなく

なってきます。こうなるとマネジメント（進捗管理）はできてもリーダーシップ（付加価値の創造を主導すること）はなくなります。逆に常に好奇心を持ち，少しでも環境を良くすることを考えていれば，自然とリーダーシップ（組織を正しい方向に導く力）は鍛えられるものだと思います。ということで，個人的にはコミュニケーション能力とリーダーシップは，鍛えれば身につくものだと考えています。

profile

薛 仁興 _(せつ まさのり)

1974年3月30日生

職 歴

1994年9月	会計事務所にて税務・会計及び経営コンサルタント業務
1998年8月	インターキュー株式会社（現GMOインターネット株式会社）入社
1999年9月	株式会社まぐクリック（現GMOアドパートナーズ株式会社）を設立しIPO準備のため転籍
2000年9月	大阪証券取引所ナスダック・ジャパン（現JASDAQ）に設立から史上最短（364日）での上場を果たし，26歳にて上場企業史上最年少CFO（最高財務責任者）となる。
2002年3月	取締役
2005年3月	常務取締役
2007年3月	専務取締役に就任
2012年3月	専務取締 退任
2012年7月	株式会社エスネッツ代表取締役就任（現任）

その他複数社の監査役や顧問を務める

学 歴

1994年3月	大原簿記専門学校卒業（税理士科）
2003年10月	日本大学通信教育部商学部3年編入学（2004年中退）

特 徴

約10年にわたり上場企業の取締役を務め，1990年代後半の黎明期から，インターネット広告産業に携わり，設立から連結売上1,000億円企業グループの成長に寄与する。

■会計事務所からキャリアをスタートしていますが，そこでの経験はその後のキャリアにどのように役立ちましたか。

　私のキャリアは，簿記の専門学校を卒業した後に入所した会計事務所からスタートしました。

　規模的には10人程度のスタッフを抱えていた中規模の会計事務所でしたが，約4年間の在籍中，会社の設立業務（登記やさまざまな届出等）から決算，会社清算，そして会計，税務，経営分析などについての経営コンサルティングまで，幅広い経験を積むことができました。

　主な取引先は中小・零細企業や会社経営者でしたが，入所して最初は先輩社員の同行や補助業務の仕事を行っていましたが，3カ月程で顧問先の担当者としてデビューさせてもらいました。担当につくと，会社の事業内容や実務の流れはすべて把握しなければいけませんし，社長や担当者からさまざまな質問がどんどんきます。

　その中で経験したこともないし，知識としても持っていないような質問や課題がたくさん出てくるのです。

　これらを1つひとつ解決していくことで力がついてきて，また始業前に最低30分以上を税務通信等の情報誌や規制体系（法律・施行令・施行規則・告示・通知・通達）の勉強を退職までほぼ毎日（30分×20日×12カ月＝1年間で120時間）行いました。

　当時はわからないことばかりで大変でしたが，仕事は面白かったです。新しい経験をするチャンスがあふれていて，当時まだ目新しいスキームだった借入金の株式化（デッド・エクイティ・スワップ）等のさまざまな経験をさせていただきました。

　実務面では，ここで一から鍛えられ貪欲にさまざまな仕事にチャレンジしていったことが，今の自分が創られた一番の要因だと思います。

　専門学校時代に税理士試験を受けるために受験要件である簿記1級を取得（受験要件として他には大学の商学部等の卒業や実務経験等）し，入所前に税理士試験（5科目合格が必要）を受験し「簿記論」は合格していたので，入所当初（20歳のとき）は会計事務所に勤務しながら税理士資格を25歳くらいまで

に取得する予定でしたが，次々にくる新しいテーマの仕事で結果を出すことにこだわり，また面白くてそちらに没頭して，結局資格は取らずじまいになっています（笑）。

退職の理由は，入所当初は16万円程だった給料も，翌月にはすぐ2万円上がって，退職するときには7歳上の先輩とほぼ同等の年収を貰っていました。

当時7歳上の先輩を見て，将来のキャリアに疑問を持ったのも事実です。このまま働き続けるのが果たして「面白い」ことなのか。たとえ資格を取れたとしても，それが「面白い」仕事と思えるだろうか。

もちろん，税理士を持っていればメリットはたくさんありますが，「もっと他に面白い世界があるのではないか」と私は辞めて違う道を歩む決断をしました。

■インターキュー株式会社（現GMOインターネット株式会社）との出会いはどのように生まれましたか。

会計事務所退職後8カ月間の充電期間を経て，インターキュー株式会社（現GMOインターネット株式会社）に転職しました。

充電期間中は，再び専門学校に通ってファイナンシャルプランナーの資格を取得し，今後のキャリアについていろいろなことを考えました。そのなかで私が「面白い」と思える仕事は，まだ経験したことのない分野に「挑戦できる仕事」だということを再確認したのです。

人材紹介会社からは，他に外資系スポーツメーカーのアディダス日本法人の案件を紹介されましたが，そうした私の価値観とマッチすると思えたのが，まさに当時店頭公開前のインターキュー株式会社（現GMOインターネット株式会社）でした。

経理スタッフとしの採用でしたが，事業会社での勤務経験も初ですし，株式公開業務にも関われるかもしれないという思いもありました。インターキュー株式会社は，当初経理部長クラスの人材を求めており，採用要件として，最低限のキャリアとして30代の方を中心に面接をしていたらしいのですが，私の「ハングリー精神」「やる気」を評価してくれたのか，最初に面接にお伺いした

その日のうちに「またすぐ会ってほしい」と連絡をいただき，面接から2週間後には入社していました。

そして経理スタッフとして入社したのですが，仕事の範囲は明確に決まっておらず，入出金管理から月次決算，四半期決算などの経理・財務の仕事のほかにも，会計事務所時代の経験を生かして，会社設立や給与計算等の労務関連の仕事にも自ら進んで手を出していきました。また上場後の社員旅行を取り仕切るなど，実質「何でも屋」という感じでした。

基本的にやりたがりやな性格なので，株式公開準備を始めるとなるとそちらの仕事にも手を挙げたりして（笑）。結局，終業時刻までは経理の仕事を求められる120％以上こなして，そのほかの時間で公開業務に携わりました。1998年9月に入社して3日後の最初の土曜日は休日出勤していましたから，いま考えると株式公開までは恐ろしいくらいの仕事量をこなしたことになります。自分ができることを最大限やり続けていたら，株式上場していました。

■2000年大阪証券取引所ナスダック・ジャパン（現JASDAQ）に設立から史上最短（364日）での上場を果たしていますが，その1年間はいかがでしたか。

1999年8月にインターキューが店頭公開を果たした後は，関連会社経理責任者として他の会社含め関わっていましたが，1999年9月8日に株式会社まぐまぐとのジョイントベンチャーで株式会社まぐクリック（現GMOアドパートナーズ株式会社）が設立され，11月に管理部門責任者として転籍しました。

実はここで会計事務所時代の経験を生かして，当社の設立実務から関わってきました。当初から「設立1年で上場」と目標設定がされ，当時管理部門は私ともう1人だけでしたが，この2人で日々の現金出納から月次決算，四半期，半期，年次決算，社内規程や契約関連，そして上場実務まで担当して，2000年9月5日に大阪証券取引所ナスダック・ジャパン（現JASDAQ）に設立から史上最短（364日）での上場を果たしました。

そこに至るまでは，2000年問題の対応に追われたり，会計ビッグバンで会計基準が改定されたり，商法も50年ぶりの大改正で会社法が整備されたり，それ

らのキャッチアップの時間を確保すべく，当時横浜に住んでいましたが代々木に引越し，9時に出社して24時退社は当たり前で土日祝日も出勤し，休みは正月に2日，ゴールデンウィークに1日休んだだけで，9月5日の株式公開まで働きづめの毎日でした。3回くらい過労で倒れて，一度は鼻血が止まらなくなって救急車で運ばれるなんてこともありましたね（笑）。

でもそんな状態でもモチベーションを保てたのは，この仕事を体験することでノウハウやスキルが自分のものになり，自分の市場価値も上がると思えたからです。

実際，株式公開後は，26歳にしてすでに2社の株式公開実務を経験していたので，「どこに行っても通用する」と自信を持てるようになっていました。

こうしてキャリアを通常では考えられないようなスピードで積み上げてきた。その仕事に対するスタンスは「人の2倍の時間働くことは困難だが，集中力を高めて同じ時間内で仕事の中身を2倍にすることは可能」というもの。

このポリシーと行動力があったからこそ，会計事務所時代から「新しい仕事」にチャレンジして会計・税務関係のスペシャリストからCFOへの足掛かりになることができたと思います。

■株式会社まぐクリック（現GMOアドパートナーズ株式会社）に転籍しますが，どのような役割をしていたのでしょうか。

インターキュー株式会社に入社して，経理以外にもさまざまな業務をこなし，公開作業に手を挙げ，次々に子会社の立ち上げの仕事が舞い込み，ついに1つの会社を設立から上場まで携わることができ，このようなチャンスをいただいたことに本当に感謝しています。

そして上場後はCFOとしてIR・M&Aなど経営全般に従事し，2002年取締役，2005年常務取締役，2007年専務取締役に就任しました。

これらの成果により信頼感が社内ポジションを押し上げ，その中で経営の視点は自然に磨かれてきたのだと思います

現場感覚を失わないプレイングCFO，当時私が統括していた経営管理本部は，「経営企画」「経理財務」「人事総務」「システム」の業務を管掌していました。

具体的には，経理・財務，採用や評価，予実管理，システム，そしてIR，M&Aまで業務は多岐にわたり，他にも子会社・関連会社を含めた経営管理を行っていました。特にM&Aは積極的に力を入れていて，随時対象企業の選定や交渉を進めていて，検討案件は数百以上成約したものだけでも20件以上経験しました。また，個人・機関投資家向けのIRも重要なテーマで，IRメールマガジンの発行やホームページ等での情報発信等，さまざまな企画を進めていました。

　上場当初は，私が1人で有価証券報告書のすべてを作成していた時期があり，監査法人に「『1人有報』なんて，聞いたことありませんよ！」と，冗談で笑われていましたが，徐々にメンバーを採用し僕自身が未経験でも成し遂げたノウハウを伝授し，できるだけ仕事を振って，チャンスを与えるようすることにより組織構築を行ってきました。

　ベンチャー企業では，たいてい直接収益を上げる営業部門の方が管理部門よりも立場が強くなりがちですが，営業部門と管理部門のパワーバランスは同等でした。

　これは毎週CEO（代表取締役社長　西山裕之（現GMOインターネット副社長））＆COO（営業部門担当取締役　高橋信太郎（現Indeed Japan株式会社代表取締役））＆CFO（管理部門担当取締役　薛仁興）で定例のランチミーティングを行い，また私自身も自らの管掌部門以外のスタッフとも積極的にコミュニケーションを密に取ることにより，営業現場が暴走することなく常に相談等を受け，管理部門からの依頼事項もスムーズに受け入れてもらうことができ，うまくバランスしていたのだと思っています。

　当然，他部門からさまざまな要望が上がることがありますが，常に経営の視点から物事を考え，交渉を粘り強くやることで，常に相談され，良い結果を生み出す努力をお互いに行えるぐらいの信頼関係を作っていました。

　当時私自身もたまに営業活動もし，その辺の営業マンより自分の方が売る自信もありました。当時GMOグループの媒体を販売開始することになり，最初の受注を取ってきたこともありました（笑）。

　だから，管理部門だからといって他部門のことにはタッチしないということではなく，経営の視点からみて正しいジャッジをするのがCFOの役割だと思っ

ています。

■その後，10年間にわたって管理部門のトップとして積極的なM&Aを展開しますが，子会社管理に始まって組織が大きくなるときに一番苦労する点は何でしょうか。

　自社採用（新卒・中途）やM&Aで組織が大きくなるときの課題は，みんなが同じ目標に向かって突き進み結果を出すことが最も大切だと考えています。

　数多くのM&Aを通じて，多くの仲間と成長することで熊谷代表自らが「M&A」ではなく「仲間作り」と，社員を「従業員」ではなく「仲間」といっており，みんなで一丸となり作り上げていく文化が浸透しています。

　GMOインターネットグループでは，大きな夢を全員で共有しながら，高い目標を達成するための仕組みがあります。

　「スピリットベンチャー宣言」という定性的な社是・社訓にあたるものと，1996年をスタートとする20年以上前に作った「55カ年計画」という超長期経営計画です。

　これらの航海図と羅針盤により，同じ目標に向かって突き進めることができるのだと思います。

　業績報告や評価制度等のベースの部分は共通化しているものの，その他は各社の独自性を尊重しながら事業展開を行っており，GMOアドパートナーズおよびそのグループ会社も同様に行っていました。

　具体的には「純度90（参加幹部の90％以上が賛同）」や「360度評価」，役員報酬のテーブルや目標達成率による変動など制度設計と運用をガラス張りで全社員に開示するなど透明性を高めたり，ボトムアップの仕組みがあります。これらの制度策定や変更にあたってはグループ各社からもメンバー募集し，僕自信も「役員報酬制度」の変更プロジェクト時にメンバーとして参加させていただいたこともあります。

　決算短信で配当総額の記載を20百万円→200百万円と１桁間違え開示してしまい，すぐに訂正開示したりなど，いろいろ失敗もありましたが，グループのノウハウ共有の仕組みや仲間の支援により何とか役割を果たすことができたの

だと思います。

一番大切なのは「愛」と「感謝」を持てる人達で経営することです。

■CFOとして一番大切なスキルとマインドを教えてください。

一番大切なスキルは，やはりベースとしてなくてはならない「経理・財務系スキル」と考えます。

私のキャリア戦略は，経理・財務系スキルを軸にそれに付随するさまざまな分野のスキルを身につけていくことです。

最初の会計事務所時代から，目の前に飛び込んできたチャンスは必ずつかんできました。そのためには並々ならぬ努力が必要です。重要なのは自らチャンスをつかみにいくという姿勢です。

確かに未経験の業務にチャレンジするのは，容易ではありません。しかし，そこを1回乗り越えてしまえば必ず挑戦が恐くなくなります。もっとも，ベンチャー企業では「やったことがないのでできません」では，通用しないということもあります。

足りない知識は，勉強して補えばいいだけのこと。

所詮，知識は道具でしかないので，まずチャンスをつかむ方が先なのです。

そういう姿勢がないといくら能力があったとしても成果は出ないと思います。

難しいと思える仕事も，因数分解のように要素を丁寧に切り分けていくと，単純なことの集合体だということがわかります。

単純なことが重なり合って複雑に見えるだけですから，私は新しい仕事や課題にぶつかったときは，単純なものの中から自分の知識・経験との共通項を見つけて，それを取っ掛かりにすることにしていけば，「知識」が「知恵」になると考えています。

また，私のこれまでのキャリアは非常に密度の濃いものでしたが，「思弁」ではなく「経験」を繰り返してきたことに意味があるのです。

株式公開実務にしても，M&A業務にしても，1から10まですべて自分で手を動かして「経験」してきました。つまり，「経験」を元に経理・財務系スキルという主軸を太くしたり，それに枝を生やしたりしてきたことが現在に繋

がっているのだと思います。

　まず専門知識を身につけることが重要ですね。これは私のようにスキルの幅を広げるための軸を１つ作るということ。そのために公認会計士や税理士の資格取得を目指すのは有効でしょう。

　ただ，資格取得が目的になってはいけません。繰り返しになりますが，知識はあくまで道具ですから，それを使っていかに実務を経験してきたかがCFO人材になるカギです。

　監査法人や会計事務所で３年以上，その後事業会社で３年以上の経理・財務の実務経験は最低でも必要です。

　また，上場企業で経験を積んでいる人は転職先の選択肢が多いですね。IR，決算短信，有価証券報告書作成などは，上場企業でしか身につけられませんから。

　M&A経験に関しては，益々活発化しているとはいってもまだ実務に携われる人は少数でしょうから，１件でも案件をまとめた経験があれば，相当のアピール材料になるでしょう。

　ベンチャー企業は，特にマインド面を重視します。

　ベンチャー企業は常に成長を求められ，変化のスピードがものすごく速い。人間は自分の役割とか存在意義を実感することでモチベーションが高まる生き物だと思いますが，激しい仕事環境の変化の中でこれを実感できることがベンチャー企業で働く醍醐味です。

　その中では，まずこの環境を楽しめない人はだめですし，経理・財務だからといって他の仕事は知らないでは勤まりません。

　一番強調していることは，「気づく人間になれ」ということですね。管理系の仕事は，ともすると右から左に事務処理をこなすだけの「作業」に陥りがちですが，それでは自分のためにも会社のためにもなりません。

　何のためにこの仕事が必要なのか，本当にこのやり方でいいのか，受身の姿勢で仕事をやるのでなく常に自分の中で問いを作りながら仕事をすると，知識やスキルは「作業」をしている人の２倍は身につきます。

　また，「気づく人間」は新しい分野に対する先見性もあります。「知りたがり

（＝好奇心旺盛）」だからこそ，新しい体験をするチャンスに出会えるのです。ゴミが落ちていたら拾う，こんな日常生活の中のちょっとした行動でも「気づく人間」になるためのトレーニングはできるのです。

CFOを目指す人ならなおさらですが，自分の仕事の範囲を限定しないで，やれることは何でも挑戦するというマインドは絶対に必要だと思いますね。

■CFO職の魅力をお聞かせください。

CFOは経理・財務の「専門バカ」にあらず，CFOの仕事は，経理・財務分野だけのスペシャリストでは完結しないのです。

よくCFOは，経理・財務のプロフェッショナルという一側面（資金調達のプロ，株式上場のプロ）だけで語られることが多いのですが，実態は違います。公認会計士だから，投資銀行業務を経験してきたからといって，CFOに適任というわけではないと僕は考えます。

CFOとは経理・財務を通じて企業価値の向上に貢献するポジションです。そのためには，営業やマーケティングなど企業活動を多角的に理解していなければなりません。簡単にいえば，経理・財務の責任者でありながら本質は経営者なのです。ですから，求められる資質も財務・経理のプロフェッショナルであることと同時に，経営的センスが必要と考えています。

ベンチャー企業のCFOについていえば，「自ら進んで行動していける人」「常にアンテナを張り巡らせ，アイデアを出せる人」「そして人的ネットワークの構築ができる人」

転職をする際は，現在所属している会社に入ったそもそもの理由は何だったのか，しっかり考えることが重要です。

人間関係とか，単純に仕事がつらいなど，ネガティブな動機による転職は絶対に止めてください。

私だって当時CFOの仕事をする中で，不安に感じることやくじけそうになることは多々ありました。人間なので感情的になる瞬間もある。でも，たとえ嫌な仕事でも，仕事のやり方1つ，心持ち1つで得られるものはあると思います。だから，1つの仕事は少なくとも3年は続けてほしいです。

この条件をクリアしていざ転職をするときは，「○歳までにこれをやる」と自分のキャリアの最終目標をまず決めて，それには「30歳までにここまででできていなければいけない」とか，順番にやるべきことを現在まで落として，今の年齢で身につけるべきスキルや経験を積める会社，もしくは次の目標を達成できそうな会社を選択するのがベストです。

CFOの仕事は奥深いのです。
CFOの仕事の魅力は自分次第です。

■なぜGMOインターネットグループの上場会社専務取締役CFOポジションを捨てて起業したのですか。

実はもう6カ月退任時期を延ばしていればストックオプションの行使で1億円近く利益を得ることができたのですが…（笑）。

GMOインターネットグループが嫌で辞めたのではありません。GMOグループ熊谷代表や直接のボスであった西山裕之社長（現GMOインターネット副社長））や高橋信太郎社長（現Indeed Japan株式会社代表取締役））はじめ，多くの方に大変お世話になり感謝しています。

任期満了で退任するにあたり，応援いただいたにもかかわらずいまだに恩返しできていませんが，GMOインターネットグループの方々とは今でもお会いしたり，お取引もいただいています。

GMOインターネットグループでは仕事も報酬も満足していましたが，起業の理由は2つ「単純にチャレンジしたかった」のと「もっと多くの人と関わりたい思い」です。

起業して7年間超になりますが，山あり谷ありで嬉しいことも苦しいこともたくさんあります。会社としては試行錯誤でまだまだ安定しませんが，自分が選んだ道なので後悔はしていません。

でも1つだけいえることがあります。
それは「好きと適性は違う」ということです。
CFOではなく，社長として提供するサービスや営業，組織構築等を行って

きましたが，満足できる成果が出せておらず，本当にこのままで良いのか日々悩んでいます。

　自分がやりたいことと成果が出せることは違うのだと，最近は自分の適性を生かし，M&Aや経営コンサルティング業務に比重を置いています。

　一度きりの人生なので，やらないで後悔するよりも，やってみて後悔したほうが…です。

profile

藤田 利之 (ふじた としゆき)

1971年9月4日生

職 歴

1995年11月	株式会社ソニー・クリエイティブプロダクツ 経理部
1996年9月	監査法人トーマツ　静岡事務所
2000年9月	株式会社フレームワークス（旧　株式会社エクゼ）　取締役 CFO
2005年4月	株式会社KPMG FAS
2012年4月	株式会社レアジョブ　取締役CFO
2015年6月	株式会社レアジョブ　取締役 副社長

学 歴

1994年3月	明治大学商学部商学科卒
2011年3月	早稲田大学大学院ファイナンス研究科卒

資 格

1995年10月	公認会計士第二次試験合格
1999年4月	公認会計士資格取得

特 徴

取締役CFOとして，2社のベンチャー企業をIPOに導く。現在は，株式会社レアジョブ取締役 副社長として，経営戦略やM&Aを中心に従事。成長企業の体制構築に熟知する一方で，アドバイザリー・コンサルタント時代には，多くのM&A案件や事業再生案件，MBO案件などに関与した経験を持つ。公認会計士。

■公認会計士になろうとしたきっかけは何でしょうか。

　公認会計士になると決めたのは，高校2年生のときです。高校2年で文系，理系を選択する際に将来のことを考えたとき，学校での部活動などの上下関係などが得意でなくサラリーマンに向いていないと考えたことや，父が自営業であり何か自分も独立できる資格をとりたいと考え，たまたま本屋で立ち読みした資格の本で公認会計士という職業を知ったのがきっかけでした。

　大学に入学後は，暫らくたって，いわゆるバブル崩壊が始まりましたが，特に景気悪化の危機感はなく，高校生のときに公認会計士になるとなんとなく決めたため，大学2年から専門学校に入学し，大学とのダブルスクールの形で公認会計士の試験勉強を始めました。

　大学4年になる頃には，就職環境が激変し，なかなか会社から内定がもらえない状況になり，大学の同級生達は殺気立って就職活動をしていましたが，私は，大学3年，4年と試験に落ち，同級生の就職環境を見ていたので，すでに通常の就職を諦め，そのまま大学を卒業し，無職で勉強を続けることにしました。バブル崩壊前と後をちょうど大学時代に迎えたことで，ここまで世の中は変わるのか，と驚きとともに，このまま合格できなかったら自分の人生がどうなってしまうのか，という恐怖を覚えた記憶があります。阪神・淡路大震災，地下鉄サリン事件があるなど，バブル崩壊に加えて大変な事件が多い年で，かつ，会計士受験生の増加に伴う2段階選抜の新試験に移行した年に，やっと公認会計士二次試験に合格できました。4回目の試験でもあり，すでに喜びよりもこれで勉強しなくてもいいという安堵しかありませんでした。

　しかし，すぐに今度は就職先がないという状況に直面しました。まさか，会計士二次試験に受かって就職がないとは思ってもいませんでしたが，大手から中堅まで監査法人の面接を受けるものの合格できず就職に苦しみました。最終的には，東証二部に上場していた株式会社ソニー・ミュージックエンターテイメントに中途入社という形で仕事に就き，子会社の株式会社ソニー・クリエイティブプロダクツという会社の経理担当に配属になりました。初めての社会人が，中途入社，同期なし，会計士二次試験合格者への高い期待という状況で，毎日が孤独なプレッシャーとの戦いでした。正直，その期待になかなか応えら

れず，只々，長時間労働で業務をこなすしかない毎日でした。新入社員的な雑務から，役員会向け資料の作成，監査対応など仕事の幅が広く，知識があるつもりが実務には全く対応できず，正直，日々の業務で本当に手一杯の毎日でした。試験勉強と実務の違いを知り，会計士二次試験合格という自信もプライドもあっという間になくなり，精神的にもかなり追い詰められる感じでした。一方で，この経験で，会社に優秀な経理の人はたくさんいること，会計士の世界がやや特殊な世界であること，試験での知識は実務の中では限定的であることを知り，常に謙虚に自分の知識や経験の幅を広げていこう，と考えるようになりました。

■監査法人トーマツをわずか4年で退職し，上場を目指していた株式会社フレームワークスに入社しますが，その目的を教えてください。

監査法人トーマツ静岡事務所（以下，トーマツ静岡事務所）に，友人がすでにいたこと，静岡が地元であったことがきっかけで入社しました。当時のトーマツ静岡事務所は，小さいながらも急成長している事務所で，事務所自体がベンチャー企業のようでした。私は，短い期間でしたが事業会社の経理実務経験もあり，法定監査の他に，早くから店頭公開の準備や新規監査契約のための予備調査を経験させてもらうことができました。東証マザーズ市場が創設されると，今までより早い段階で上場準備をする会社が増え，その上場支援の仕事も増えました。監査法人に入ってさまざまな会社を見る中で，前職での仕事でやっていた経験が自分の中で徐々に消化でき，その経験を他の会社へのアドバイスなどに活かせるようになっていきました。また，トーマツ静岡事務所は，急速な拡大のため，通常，パートナーが行う営業活動を，スタッフクラスを含む全スタッフに課す組織で，早めに営業的な経験を積めたことも，大変いい経験になりました。

公認会計士の三次試験に合格し，公認会計士になったあとは，シニアスタッフにも昇格し，いくつかの会社の監査の主査として監査に従事していましたが，株式会社サイバーエージェントの東証マザーズの上場をテレビで見て大きな刺激を受けました。遂に上場会社の社長に20代でもなる時代が到来したと感じま

した。会計士試験の合格でも，監査法人への入社も苦労し，監査法人内での出世競争に勝っていける自信がそこまでなく，ベンチャー企業での取締役CFOの道は，千載一遇のチャンスではないか，と急に思い立ちました。

今でいうITバブルに当たるのですが，当時ベンチャー企業に対してもITビジネスについても懐疑的な声も多く，公認会計士がベンチャー企業のCFOなどで転職するケースも稀な時代でした。特に，私はこのとき，静岡で仕事をしていましたので，かなり珍しい存在でしたが，そのリスクを取ったからこそ，事業会社でのマネジメント経験もない20代でいきなり取締役CFOとしてのチャレンジをもらえたのではないかと思います。物流パッケージシステムの開発を行う株式会社フレームワークス（以下，フレームワークス）では，入社して4年後に東証マザーズの上場を実現しました。

■その後，コンサル会社（株式会社KPMG FAS）に転職されますが，その目的を教えてください。

フレームワークスの取締役CFOとして，悪戦苦闘しながらも，なんとか東証マザーズ上場を果たしましたが，多くの上場ベンチャー企業と同じく，上場後の会社の成長の鈍化，会社の方針に対する社長との意見の相違，そして，自らが会社に寄与できることの能力の限界も感じ，退任することにしました。このときの経験で，管理部門側で業績がよくなるのを待っているだけではなく，これからは企業の戦略やM&Aなどの知識や経験を高め，会社の成長に直接的に寄与できるようになりたい，と考えるようになりました。

さまざまな方のアドバイスもあり，いったん，CFO職ではなく，若いうちしか行けないコンサルティング会社やフィナンシャルアドバイザリー会社への転職を探し，給与も下げ，株式会社KPMG FASにシニアアソシエイトとして入社しました。上場の実現はできたものの，取締役としては未熟だったとの思いが強く，1から勉強し直したい気持ちでした。

株式会社KPMG FAS（以下，KPMG FAS）に入社して，外資系投資銀行や外資系ファンドの仕事に多くアサインされました。

非常に厳しい仕事で徹夜など多々ありましたが，どう調達し，それを投資す

るのか，期待されるIRRを実現するためには，どのような戦略やストラクチャーがあるのか，といったことについて，クライアントとの議論を通じて，学ぶことも多く，会計一辺倒だったところから，ファイナンスの思考が少し身についた気がします。事業会社におけるM&A，ファンドの投資，MBO，事業再生などのアドバイザリー業務だけなく，収益改善プロジェクトなどのコンサルティング的な業務も手がけることもでき，非常に幅広い知識と経験を得ることができました。

プロフェショナルの仕事とはこういうものか，ということを痛感しました。

■株式会社KPMG FAS在職中にMBAを取得しますが，大学院に入学した目的を教えてください。

KPMG FASに入社後，徐々に仕事にも慣れてきたころ，もう一度CFOという仕事に戻るか，それともこのままアドバイザリーやコンサルティングの仕事をするか，悩むようになりました。そんな中，リーマンショックが起こり，一度，自分のM&Aや会計，ファイナンスの知識の整理をしてみようと考えました。せっかくなので，どこか国内MBAでも取得できればと思い，早稲田大学大学院ファイナンス研究科に入学しました。

当時，オフィスが東京駅近くで，学校も日本橋だったため，仕事を夕方抜けて，授業を受け，終わるとまたオフィスに戻ってきて，仕事をしていました。また，土曜日も，午前か午後が授業で残りの時間はオフィスで仕事をしているという状況が2年間続きました。

私が通った早稲田大学大学院ファイナンス研究科は，ファイナンスMBAという学位が取得できますが，一般的なMBAとは内容が異なります。CFOで通っている方もいましたが，金融機関，あるいは，不動産金融に携わる方が多かったと思います。

私にとって，この大学院の2年間はプロフェッショナルとして，自らの専門性を高め，知識を整理するのにいい機会となりました。また，同時に自分の将来の道はプロフェッショナルでは限界もあり，経営メンバーとしてのキャリアで生きていこうと思うきっかけにもなりました。

■現職のレアジョブに入社後，会社の危機があったそうですが，どのように対応されたのでしょうか。

これまでの経験を活かしつつ，自分自身にとってもチャレンジな会社を探していた中で，現在の株式会社レアジョブに入社しました。もともと，英語が苦手だったので勉強が追い込まれる環境に身を置きたいと考えたこと，自分の子供達も含め，今後の英語教育を変えることに関与したい，との思いで決めました。また，前回の取締役CFOのときに実現できなかった上場後も成長し続けられる会社にする，という強い思いを持って入社しましたし，その思いは今も継続しています。

当時のレアジョブでは過去，幹部採用の経験がないとのことで，とりあえず役職なしの一般社員として入社しました。

入社のタイミングでは，株主から来年にも上場させてほしいといわれていましたが，監査法人の監査は受けていたもののそれ以外の準備はほぼ手付かずといえる状態でした。

入社の翌月には，今回の質問にもある危機ともいえる事件が起きました。外部からサーバーへのアタックを受け，個人情報の流出事件が入社の翌月に発生しました。レアジョブが保有する個人情報にはクレジットカードなどの金融情報などは含まれないとはいえ，教育サービスでの個人情報の流出は会社の信用度に関わる大きな問題で，今でも多くのお客様に御迷惑をおかけしてしまったと思っています。

当時，私はまだ役職者ではありませんでしたが，この課題の対策プロジェクトの責任者に任命され対応を進めることになりました。プロジェクトでは，サービスを停止し，個人のお客様や法人顧客への対応と同時に，膨大な顧客の返金処理を行いつつ，類似の問題が生じないようにするための対策を図りながら，サービスの再開を進めました。こういった問題が起こると今度は保守的になりすぎてしまい，顧客の利便性を大きく損ねることもあり，バランスの難しさを感じた記憶があります。この対策プロジェクトでの対応は，結果的には入社間もない私にとっては，経営者および社員から信頼を早期に得るきっかけとなり，入社から3カ月で一般社員から取締役CFOに任命されました。また，

あくまで結果論ですが，この対応でその後のIPOに向けた社内改革スピードが早まったと思います。まさにピンチはチャンスにもなり得ると思います。

　多くの方はIPOを目指している会社というと，どんどん業績が伸び，社員のモチベーションは高く，そこまで大きな問題はないだろう，と想像する方も多いのですが，急成長していれば，成長痛ともいえる組織の歪みや人材不足，制度不足，コンプライアンス，セキュリティなどの問題があることの方が普通です。何らかの課題があるから，自分が外部から採用されている，と考えておかないと，入社してみたら違った，となりかねないと思います。

■その状態から始まり，短期間でマザーズ上場を成し遂げますが，上場までで苦労したことは何でしょうか。

　入社してすぐ個人情報漏えい事件があり，売上成長がいったん止まり，その後，マネジメント含めた組織の課題，人事制度，予算制度などの不備，これらを担う人材の不足なども露呈していきます。それでも，レアジョブのサービスは，根強いファンのいるサービスでもあり，徐々に業績も回復して行くのですが，新たな危機が発生します。安倍政権が発足し，急速な円安に見舞われたことです。レアジョブのビジネスは，フィリピンからのレッスンを輸入している形態のため，円高が望ましいビジネスで，急激な円安は大幅なコスト増につながります。これにより，また業績がまた悪化し始めます。この変化に対応するため，サービスの拡充，値上げなどの実施が必要となり，これらの開発や運転資金の確保もあり，資金調達に動きます。入社1年目は，IPOというよりもまずは，会社の基盤を整え，収益性や財務体質の改善を図るので手一杯という感じでした。

　資金調達により危機を脱すると同時に，この調達を通じて，IPOを目指すという社内，特に役員内での意思が明確になります。実は社内でもIPOを本当にすべきなのか，といった議論が過去にはありましたが，数々の危機とこの資金調達を通じて，IPOを必ず実現させ，レアジョブのサービスを，より多くの顧客に継続して提供することのコンセンサスが取れたと思います。その後，新しい機能やサービスの提供と合わせ値上げも実現し，体制が落ち着いてくると同

時に，IPO準備を本格化させます。早期のIPOに賛否両論ありますが，フィリピン人講師によるSkype英会話市場全体の信用度の向上や市場拡大，法人研修や文教市場への提供，競合先との競争関係などから熟考し，資金調達よりも会社やサービスの信頼性を高めることを最優先として早期IPOを目指しました。入社後，問題がありつつも粛々と準備をしていましたので主幹事証券会社の審査は順調に進んでいきましたが，東証申請の直前でフィリピン側での過年度の税金の処理の誤りが発見されます。そこから過年度決算の遡求修正を行い，追加の監査もお願いし，上場関連書類なども修正をして，東証に申請し，なんとか東証マザーズの上場に至ります。本当に，多くの方々の支援があってのIPOでした。

　必要なスキルとマインドセットですが，スキルに関しては，IPOに関していえば経験値があれば格段に手続は楽になりますが，仮に足りないスキルがあっても常に学び続けること，そして外部の専門家の力を借りることで補うことはできると思います。一方，マインドセットですが，まずやると決めたら絶対やり抜くと決意すること，解けない課題はないと信じ，しつこく考えること，そして実行していくこと，最後に，大変なことは後で話のネタになると楽観的に考えること，が必要な気がします。

　私も，途中でこのスケジュールでのIPOはもう厳しいかな，と思うことは多々ありましたが，1回目のIPOの経験があったこと，上記のようなマインドセットでいたこと，加えて，多くの方々のサポートがあったこと，これらが総合的にあって実現できたと思います。

■年下のCEOやCOOとの関係性，距離感や信頼関係構築にどのような点を，気をつけていますか。

　私自身，あまり年齢を意識するということはありません。私が前々職で取締役CFOになったときは，最初，自分だけが20歳代で，社長は40代前半，副社長は50代，他の若い役員でも30代後半でしたので，幅広い年齢での取締役の中で仕事をして来た経験したこともあります。それが，今回は，年齢的には逆になっただけという意識でした。経営メンバーとして，私が経験したことの知見

は活かそうと思いますが，逆に社会もどんどん変化して来ていますので，経験そのものが陳腐化する可能性があります。最終的には，年齢が上か下かは関係なく，その時々で，合理的にどう考えるかが大事であり，納得性のある形で議論を重ねることだと思っています。

年齢や専門性の幅があり，それぞれが強みを活かした経営メンバーを持つ会社がこれから強くなって行くと思います。レアジョブもまだまだこれからですが，よりダイバシティーのある体制にしていければと思っています。

■取締役副社長に就任しますが，CFOのときに比べ意識の変化はありましたか。

副社長COOだった中村が社長に就任する際に，私は取締役CFOから取締役副社長に任命されました。CFOとして主に管理部門を掌握することから，会社の成長に寄与するため，会社全般に責任を持つ形になりました。私自身は，肩書きとは別に，常にその意識はありましたので，気持ちの面で大きな変化はありませんでしたが，副社長になることで，より中長期の時間軸で物を考える必要があり，自分がいつまでも業務執行を担う立場ではいけないと思うようにはなりました。今では，管理部門や経営企画部門の執行役員も任命できたことで，レアジョブグループの3～5年後の戦略，組織，事業ドメイン，このためのM&A戦略，IRなどを中心に会社にコミットしています。レアジョブは，「日本人1,000万人が英語を話せるようにする」というサービスミッションのもと，東証マザーズ上場後，個人向けサービスから法人研修向け，学校向けのオンラインサービスへと拡大し，加えて，スピーキングテスト，ライティングサービス，オフラインサービスも組み合わせたサービスであるレアジョブ本気塾，など，幅広く英会話サービス事業を拡大して来ました。また，Skypeを使ったサービスからWebRTCを使ったオンラインサービスに移行し，今後は，データやAIを活用したサービスに拡大できるようになりました。これからは，「Chances for everyone, everywhere.」というグループビジョンに沿って，IT技術を用いながらこれまでの英会話だけの枠にかかわらず，英語サービス全般やグローバルリーダー育成，人材サービスなどを，より幅広いサービスを提供

できる企業になりたいと思っています。

　M&A戦略の中では，改めて，レアジョブという会社の事業ドメインをどこに置くのか，どの方向に事業を拡大していくのか，何が強みでどうシナジーを作っていくのか，何がボトルネックか，どう参入障壁を築くか，など経営戦略と密接に繋がっておりますので，副社長としてこれらを議論するプロセスも含め，四苦八苦しながら，創業から10年を超えたレアジョブの次のステージを会社のメンバーと一緒に作っていければと思っています。

■CFOとして一番大切なスキルとマインドを教えてください。

　大企業などのCFOとベンチャー企業におけるCFOではその役割や求められるスキルは大きく異なると思っています。ベンチャーのCFOは，資金的なボトルネックを解消しながら，会社の戦略から，財務，経理，法務，総務，人事，経営企画，M&Aなど幅広くマネジメントすることが求められる場合が多いと思います。そして，このどこに比重を置くかは，その会社の事業内容，社長や他の役員の得意領域，会社のステージなどで，その役割は異なり，変化していくものだと思っています。

　CFOが1人で管理部門系の全てのスキルを持つ必要もなく，最終的には，管理面での会社の課題を，どんなチームで解決していけるか，が重要だと思います。CFOには，公認会計士出身，投資銀行，証券，銀行など金融系出身，コンサルタント出身，経理などの事業会社の管理部門出身など，さまざまな出身者がいますし，経営企画や戦略に強い，ファイナンスに強い，人事に強い，管理全般のバランスがいいなど，さまざまなタイプのCFOが存在しています。それぞれの会社の役員の中で自分の強みと合わせ，自分がどのような役割を今担うべきか，CFOのチームにどのような人材を入れるべきかを考え，柔軟に自分の役割を変えられることが求められます。経営メンバーの1人として，自分の専門性だけでなく，組織力で，課題に当たる必要があります。

　加えて，CFOとして，管理部門を掌握していると会社のブレーキ役を担うという場合も多いと思いますが，一方で経営戦略，採用人事戦略，組織戦略にも関与していくためには，会社のアクセル役の一部も担うことになります。こ

のブレーキとアクセルの両方をバランスよく使えるバランス感が求められ，問題に対処するだけでなく，将来を予測し，先回して何が課題かを設定し，仮説検証をしながら，解決を図るスキルも重要といえます。

最後に，マインドについてですが，自分の周りで起こったことは全て自分の責任であるという自責のマインドが重要だと思います。これはCFOに限りませんが，経営に関われば，さまざまなことが起きますが，その全てを受け止めるマインドが必要です。言い訳や他人の責任に転嫁してしまう人は向かないと思います。そのうえで，どれだけリスクを恐れず，意思決定できるか，が重要だと思います。この経験だけは，事前に勉強するわけにはいかず，やってみるしかありません。まだ，勉強が足りないのでベンチャー企業に飛び込めない，という方がいますが，スキル面は勉強できても，マインド面はその立場にならないと経験できないことがあります。早く，そういった経験ができる立場に飛び込んで，経験を重ねていって欲しいと思います。

■CFO職の魅力をお聞かせください。

CFOは，経営メンバーの中では，経営メンバーとしてのゼネラリスト的な幅広いスキルと会計や財務，法務など専門性の両面が求められるポジションです。また，会社のブレーキ役とアクセル役の両面が求められ，常に会社全体のバランスをとるポジションともいえると思います。

会社の決算書には，B/S，P/L，C/Fの3つがありますが，多くのポジションの人はP/Lを中心に担っていくのに対して，CFOのポジションでは，この3つの決算書をバランスよく担っていくことが必要です。特に，B/SやC/Fは会社では軽視されがちですが，このマネジメントこそがCFOにとっては重要な責務だと思います。

ベンチャー企業の世界では，従来よりも資金の調達環境は整ってきた一方で，それをどう使っていくか，について知恵をしぼる必要があります。製造業が多かった時代では，土地や工場といったものへの投資がバランスシートの借方の中心でしたが，最近のIT企業系では，その大部分が人材への投資に使われます。時価があり，転売可能な有形固定資産の投資よりも無形の固定資産を生む人材

やノウハウの投資の管理は，ますます難しくなっています。バランスシートに見えない人材の価値の比重は高まっており，人材獲得のためのM&Aも多く，行われます。会社のビジョン・ミッションを実現するために，社長をサポートしながら会社やグループの枠組みを考え，バランスシートの借方側の無形の固定資産や投資と，貸方側の調達サイドの両面をコントロールし，マーケティング・営業・プロダクト・システムなどの担当の役員と一緒にPLにおける売上高や利益を生み出すことに貢献する仕事が，CFOの仕事であり，長期的な戦略目線を持って，企業の成長に貢献できる仕事だと思っています。

　最近，キングダムという古代中国の戦国時代末期を舞台にした漫画が流行っていますが，私にとって，CFOというポジションは，まさに攻めに守りに飛び回る軍師であると同時に，将軍にもなれるポジションではないか，と思っています。それは，最高に楽しく，エキサイティングなポジションの1つではないでしょうか。

profile

安川　徳昭 （やすかわ　のりあき）

1974年3月22日生

職　歴

1998年9月	泉税務会計事務所入社
2002年11月	TFPビジネスソリューション株式会社（現山田コンサルティンググループ株式会社）入社
2004年11月	株式会社三鈴入社
2007年4月	株式会社ヒト・コミュニケーションズ入社
2007年11月	同社取締役管理本部長
2017年11月	同社取締役退任
2017年12月	ブレイカー株式会社入社　CFO就任 現在に至る

学　歴

1997年3月　日本大学法学部卒

資　格

2002年4月　税理士資格取得

特　徴

2002年国内最大手のコンサルティングファームに入社。2004年コンサルタントから事業会社に転身し，事業会社の管理部門を統括するとともに，オーナーの事業承継として，上場準備やM&Aに従事。
2007年4月株式会社ヒト・コミュニケーションズに経理部門の責任者として入社。その後，取締役管理本部長として，総務，人事，経営企画機能を整備するとともに，上場準備責任者を兼任。2011年8月JASDAQ（スタンダード），2012年7月東証二部，2013年7月に東証一部に上場を果たす。
上場後は，CFOとして戦略的M&Aの実行を中心に，企業グループの成長に大きく寄与。
2017年11月に同社取締役を退任し，2017年12月からブレイカー㈱に参画。

■税理士事務所からキャリアをスタートしていますが，そこでの経験は その後のキャリアに役立ちましたか。

　まず，私のキャリアは横浜にある従業員10名程度の小さい税理士事務所から始まります。大学を卒業した3月から1年間だけ税理士試験に専念するために専門学校に通っていましたので，卒業した翌年の税理士試験の受験が終わった9月からでした。

　税理士事務所に勤務した期間は4年間でしたが，最初の3年間は，中小企業を15社ほど担当し，主に月次決算処理および法人税・消費税の申告業務が中心でした。その中で今の私のキャリアに役に立ったのは税務の基礎を学んだことはもちろんですが，そんなことよりも，いわゆる中小企業の実態に触れることができたことだと思います。

　中小企業というのは，規模にもよりますが，その多くは家族経営です。つまり，個人の生活＝経営なのです。ですので，大企業のようにガバナンス云々など格好の良いことはいっていられません。明日を生きぬく術なのです。サラリーマンは毎月給料が入ってきますが，中小企業の経営者一族には，それがありません。家族全体が不安なのです。その実態をいつも目にしてきました。

　当時まだ青二才だった私は，野心が強く，大きな仕事をしたいと常に思っていたので中小企業を規模が小さいからといって，どこか馬鹿にしたところがありましたが，その一方で，中小企業の経営者の実態，身を削って家族をも巻き込んで会社や社員を守る姿が目に焼き付いていました。ある社長さんは，私が辞めるときに末期ガンであと数カ月の命であるにもかかわらず，一緒に会社をやってきた弟さんのことと会社のことばかりを口にしていました。

　そのような体験があったからこそ，自分の身を削ってでも何かを守りぬくこと，特に会社やその経営者を守ることに対しての使命感が芽生えたのかも知れません。

■税理士の資格を取ろうとしたきっかけは何でしょうか。また，CFOとしての業務に役立っていますか。

　平成6年当時，大学1年生当時，私の友人の父親が税理士を営んでおり，その彼から「税理士は儲かるよ」といわれたことから，軽い気持ちで資格を取得してみようと思うようになりました。きっかけはたったそれだけです。また，どこかに「侍業」に憧れをもっていたのかも知れません。今振り返ると恐ろしいことですが，税理士が税金に関連する仕事ということ以外は全く知らず，簿記という言葉もその後に通うこととなる専門学校で初めて知ったくらいで，その専門学校に通うことになったのも，たまたま受付の女性が可愛い人だったので，通うことになっただけです。

　CFOとして会社の経営にもっとも必要な知識は，会計とキャッシュマネジメントの知識です。税金というのは，納税が最も大切なことですが，実は，その金額を正しく計算できないと，会計にも正しい金額を反映させることができませんし，キャッシュがいくら必要なのかの資金繰りにも影響してきます。特にM&Aのように会社の成長に大きく寄与する案件となると，それにより発生する会計処理と税金の計算が正しくできないと，実行の可否判断もできないことになります。

　また，IPOの審査の中では，税金計算を社内で内製化できるレベルが要求されますので，税理士資格はCFOのキャリアにおいては極めて有効であったと思います。

■税理士事務所から山田コンサルティンググループへの転職をしていますが，その目的を教えてください。

　税理士事務所に勤務して3年目に税理士試験に無事合格し，税理士登録に必要な実務経験も積んだため，4年目で晴れて税理士として登録することができました。ただ，その過程で，もっと大きな企業のコンサルティングに携わってみたいと思うようになり，税理士登録と同時に大きなコンサルティング会社に転職することを決意しました。そんなある日，公認会計士でありながらご自身

で事業家として起業し，当時のナスダックジャパンに上場された方を紹介している記事を目にしました。それが公認会計士の山田淳一郎先生でした。あとは，ただ純粋に，この方にお会いしてみたいと思い，門を叩いたという経緯です。

　実際に入社してからは，まずは大企業の決算の仕組みを作り上げること，および決算処理のサポートでした。同僚や先輩とのあらゆる知識やPCスキルのレベルの違いに打ちのめされていました。横浜という田舎の小さい会計事務所と東京の大きなコンサルティング会社との差そのものです。当時の私は全く使い物にならず，約半年立ったある日，先輩から横浜に帰った方がいいんじゃない？　とまでいわれるようになっていました。そこからは，とにかく食らいつくのに必死でしたが，あるとき覚醒し始め，"深く考える"というスキルが身につき，そこに時間をかければ，後の作業は手が勝手に動くというように変化していきました。その後，大手企業数社の会計や税務のコンサルティングに関わるようになった頃に，1つの転機が訪れます。それは大手通信会社の経営企画室に常駐しての業務です。ここでは，主に事業計画・予算策定業務，その他経営会議資料の作成に従事し，大手企業の経営企画室の役割と実態を身をもって学ぶことができました。

■その後，事業会社へ転職しますが，その目的と仕事内容を教えてください。

　私の場合，コンサルティング会社からの転職は，通常の転職とは違いました。もともとコンサルティング会社での最後に業務として携わっていた案件の流れの中で，そのクライアントに転籍したという経緯です。具体的には，そのクライアントは，当時の売上高約80億円，店舗が全国に約70カ所あるレディースアパレル（製造小売）企業の事業承継案件でした。オーナー社長一族で経営しており，ご子息に事業を承継することが第一目標で，同時に業績も回復させなくてはならないという難しい案件でしたが，大変興味深い案件でした。

　仕事の内容としては，会計や税務，財務，経営などと恰好の良い言葉とは程遠く，わかりやすくいうと，①超ワンマンオーナー社長に信頼され，②会社のあるべき方向を正しく意思決定してもらい，③その意思決定がぶれないように

会社全体を導き，④その延長線上で事業承継をテクニカルに完了させるという4つのことでした。

この4つを遂行するために最も重要かつ苦労したことが，社長の思いや意図を正しく幹部に伝え，理解してもらうことでした。特に，改革反対派からは私が会社を乗っ取ろうとしているとか，資本の論理からも意味不明な誹謗中傷が蔓延していました。というのも，もともとは，そのクライアントに出向といういわゆる帰る場所（出向元）がある形の下，29歳という若さで管理本部長という肩書をもらい，本業務にあたっていたからです。コンサルティング会社からの出向であり，かつオーナーのいいなりというレッテルを貼られ，とにかくアウェーでの戦いとなるのも当然でした。そこで，私は，とにかく社員との距離を縮めるため，時には店舗に立ちセール販売の対応をしたりと，慣れない仕事に翻弄され没頭していきました。すると，次第に反対派からも一定の信頼を得られるようになっていき，徐々に会社の改革が動き出しました。そんな中，オーナーの意向もあり，事業承継の出口として上場準備を行うこととなりました。

その上場準備の最中に，私に1つの転機が訪れます。それは，内部監査です。

内部監査として，まず店舗の監査を始めたところ，ある店舗で巨額の不正が行われていることが判明しました。それまでに，店舗での顧客のトラブルは現場でほとんど解決していたのですが，この件ばかりは私が対応せざるを得ないということになりました。不正を働いたのは当該店舗の店長で，上代（売価）を不正に値引きした形でPOSを操作し，同時に在庫の調整も行うという手法で，店長に就任後数年間にわたり，レジから不正に現金を横領していました。本件が発覚した後，金額が多額であったため，警察への連絡や本人からの聞き取り，ご両親からの聞き取り等々…修羅場のような状況になりました。その中で，特にご両親が涙を流して土下座をして子供を守ろうとする姿を見て，これは出向という中途半端な立場では難しい，この会社を立て直すには，出向というような自分に帰り道があるようでは本気になれないし，もっと会社に本気で向き合わないと改革など不可能だと深く考えるようになりました。この件は，幸いなことに横領された金額は全て返金され，結果的に経済的な損失なく解決したのですが，私の「出向じゃだめだ」という思いは強くなるばかりで，この会社

に転籍をしようと決意し，山田淳一郎先生に直接お話をさせていただき，本来，クライアントに転籍することは業界的にタブーであるにもかかわらず，何とかご了承をいただくことになりました。そこから，この会社の改革も加速するのですが，ここで私自身は，自分はコンサルタントには向かない，何かのために自分自身で人生のリスク（経済的という意味ではなく）を取りに行って自己実現をすることにビジネスマンとしてのやりがいを感じる人間なんだと自己認識しました。これが，私のビジネスマンとしての第2ステージの始まりでした。

　転籍後は，腹をくくったこともあり，会社の内部改革はさらに加速していき，業績も順調に回復し，社長のご子息との連携を経営企画室に迎え入れ，事業承継の準備も整っていきました。

　事業承継の方法として，株式上場と会社売却のいずれにするかを判断するため，上場準備を進めながら，その一方で売却先の企業を選定し，社長と共に会社売却の交渉を進めていました。上場か売却かの判断をしなければならないちょうどその頃，社長の持病である糖尿病が悪化し，急遽右足を切断することとなりました。私は手術後に社長と面会したのですが，そのときに社長から突然「安川君，もういいよ。十分やってくれた。安川君はもっと大きなフィールドに行ったら，もっと活躍できるよ。もっと稼げるよ（笑）。ありがとう。」といわれたのです。恐らく，社長ご自身が，体力・気力ともに経営者としてはもう限界なのだと悟ったからだと，私はその瞬間感じ取り，「わかりました。では，そのようにしますね。」とだけお伝えしたのを今でもはっきりと覚えています。

　結果的に，本案件は，ご子息のお力添えと理解もあり，私が会社を去った後に東証一部上場企業に全株式を売却し，オーナー一族がハッピーリタイアをすることができました。

■33歳でヒト・コミュニケーションズへ転職しますが，そのときの気持ちと役割を教えてください。

　前職を退職する経緯について，転籍前から引続きお世話になっていた山田淳一郎先生にその旨をご報告に伺いました。有難いことに，「戻ってきたらどう

だ」という温かいお言葉をいただきました。ただ，私としては，この大先生のお名前があったから前職で活躍できただけで自分の実力ではないと実感していましたので，今度は，本当の意味で自分の力を試したい，自分を磨きたいと思い，コンサルティング会社には戻らないという決断をしました。

その後，人材紹介会社を通じてヒト・コミュニケーションズの安井社長に出会うことになります。

人材紹介会社の担当者に「今物凄く勢いのある会社がある。人材派遣とかやっている会社なんだけど…」といわれ，社長をご紹介いただきました。社長からは面談の中で上場準備を開始しているのでその一躍を担ってもらいたいという話をいただきましたが，正直その時点では人材ビジネスに全く興味が湧かず，入社しようという思いは全くありませんでした。そんな心境でしたが，面談の翌日から早速社長から電話をいただき「いつ来れる？」「早速経理の女性の面接やってほしいんだよ」等々いわれ，社長の強引な勧誘を正直面倒とも思いつつ，退職を決意した2カ月後の4月に何となく入社することにしました。

入社時点での私の役職は，「経理マネージャー（いわゆる次長，課長）」でした。また一からスタートするつもりだったので，肩書は特に気にしていませんでした。管理部門は大きく分けて経理・総務の管轄部門と派遣スタッフや有期雇用スタッフの給与計算やクライアントへの請求処理をする業務部門があり，1名の管理担当役員が管掌していました。その役員は，どちらかというとギラギラした感じで自分の待遇ばかりを気にしているタイプでした。お会いしてすぐに社長とはうまくいかないだろうなと思い，それはそのまま現実となり，私が入社して半年ほどで退職することになりました。その後任として，私が取締役になったという経緯です。そのときの私の心境としては，前職でも取締役管理本部長という役職をやっていたこともあり，特段の感想はありませんでした。というのも，取締役就任前の半年間で，もっと重大な事故がたくさん起きていましたので，今更何も感じなくなっていたのかもしれません。

ちなみに，入社直後に起きた事故としては，そもそも，当時売上が90億近くあったにもかかわらず，その数年間債権管理すら適正に行われていなかったため，高級車が数台買えるほどの債権の回収業務に追われるところから始まります。その最中に起きたのが，給与の誤配信。当時エクセルで振込データを作成

していた担当者が，データを貼り付ける箇所を1行間違えて貼り付けてしまい，そのまま銀行送信をしたため，違う人の給与が振り込まれるという大事件が起きました。さらに，その事件の解決を図っている真っ最中にその夏の賞与も続けて同じ間違いをしていることに気づき，その解決に死にそうになりました。取締役就任は，その後の話なのです。

このような悲惨な状況を1つひとつ解決していき，遥か彼方にある「上場審査に耐えられる強い管理部門」を作ることが私の役割でした。

■JASDAQ上場に当たり，苦労したことは何でしょうか。

私が入社時点で，既に主幹事証券から主幹事宣言という書面のやりとりをしていましたので，前述の状況であるにもかかわらず，すでに上場準備中ということになります。

ところで，上場準備においてとりわけ苦労したのが，労務管理に大切なシステムの構築でした。

ヒト・コミュニケーションズは人材派遣とその仕組みを利用した販売のアウトソーシング受託事業の2つを基幹事業としており，人材ビジネス特有の就業者数の多さと，就業条件（就業場所，就業条件，支払条件，交通費の精算方法など）が統一化されておらず，雇用契約ごとに異なる点が事業のバックヤードとしての特徴です。

また，人材ビジネスにおいては，就業者への給与支払データとクライアントへの請求データが紐づくため，いわゆる一般的な給与計算ソフトでは対応できないのが通常です。

その一方で，創業時点から使用していた中小企業向け派遣事業専用ソフトを無理やりアウトソーシング受託事業にも使用してきたため，内部の計算システムが会社の成長に全くついていけていない状況でした。

そこで，最も苦労したのが，システムの乗換えです。これがしっかりと機能していなければ，労務管理を適正に行うことは当然のこと，給与金額や請求金額を正しく計算することができないため，事業を継続することさえできません。そこで，このようなシステムの乗換えに着手することになったのですが，既存

のデータがぐちゃぐちゃ，データの入力方法・入力箇所もバラバラ…請求情報は営業がExcelで作成し，紙ベース…それを給与と請求を処理する業務部隊が何のルールもない中で，中小企業向けの派遣ソフトに入力…と今振り返っても恐ろしい状況でしたので，これを新しいシステムに乗せ換えることなど，通常のキャリアを歩んできたシステム担当だけでは到底無理な状況になってしまったのです。

　そこで，最も役に立ったのは，私自身のデータベースの処理能力です。説明するのは難しいのですが，人の何十倍，何百倍もの感覚でデータ処理とデータベースシステムを構築する能力でした。ちなみに私の場合には，Microsoft Accessを駆使し，いつしか開発のスペシャリストとなっていました。これにより，システム担当に対しても強力なリーダーシップを発揮でき，会社全体を牽引することができたのではないかと思います。

　管理部門ではどんな場面でもデータ処理が欠かせませんし，特に上場準備においては，いろいろな角度で短時間でのデータ集計作業が発生しますので，このスキルは，一般的な上場準備はもとより，どんな場面でも極めて強力だと思います。

　さて，そんな状況で失敗を何度も繰り返しながらも全従業員の協力もあり，上場前に新しいシステムに全てのデータをコンバートし，オペレーションをシステムに乗せ，無事標準化をすることができました。さらに，労働者派遣法に関する行政による調査も無事クリアできるレベルにまでなりました。データベースのシステム構築…これができなければ，上場は不可能であったと確信しています。

■上場準備で学んだことを教えてください。

　上場準備と一言でいっても，業種業態，資本政策，役員構成，会社の歴史等々により，その準備における課題と解決方法は千差万別です。ただし，私の経験上次の2つは，どの会社でも全く同じであるといえると思います。1つ目は，上場準備チームのチームワークです。私の場合は，特にチームに助けてもらいました。チーム構成は，短気で勝気な体育会系の私をヘッドとして，人や

組織間の調整能力に長けている経営企画室長，数値の計算や記憶力に優れ，人並外れた体力をもつ無敵の経営企画室マネージャー，上場審査を何度も経験しているスーパーコンサルタントの渡邉さん（P.195に登場している人です）の計4名です。

　個別事案を記載することはできませんが，一言でいうと，この中の誰1人欠けても上場はできなかったと確信しています。

　2つ目は，上場することの意義です。「上場することで何か金銭的メリット以外に何かあるのか？」という疑問の声を上場準備中にも耳にしましたが，上場後に思うことは，その上場プロセスの中で役員や従業員，組織全体が鍛え上げられるということがその意義でもあります。これは，上場審査の中で主幹事証券や証券取引所からの数百という質問に対して，短期間でレポート形式で理路整然と回答をしなければならないわけですが，そのプロセスの中で，誰も逃げることができず，すべて嘘偽りなく論理的に回答する能力が必要であると知るからです。この能力は，上場後も続く事業拡大の観点からも大変重要な能力であると思いますし，これは経験しないと，なかなか習得できない能力です。

■JASDAQから翌年に東証二部，さらにその翌年に東証一部上場とかけあがっていますが，なぜそのようなステップをとったのですか。

　JASDAQに上場してからその翌年に東証二部，さらにその翌年に東証一部と駆け上がっていくわけですが，そのようなステップを踏んだ背景には，当時は，東証と大証とで市場が分離していたことが理由です。東証マザーズに上場すれば，そこから直接東証一部に行くことはできましたが，当時の会社の規模や事業内容から主幹事証券の指導の下，まずJASDAQへの上場を選択しました。東証二部，一部への市場変更については，JASDAQに上場してから間もないこともあり，それほど大変なことは特段なく，スムーズに進んでいきました。

■社長との接し方や距離感，部下のマネジメントについてどのように考えていますか。

社長との距離感と関わり方については，その社長の個性によると思いますので一概に何ともいえません。私の場合，強いリーダーシップを発揮するタイプの社長としかご一緒したことがありませんが，その中で私なりに意識していた部分は，次の5つです。

---

① 常に経営的視点で会話をすること（従業員的感覚は全て引き出しにしまう）
② 社長と同じくらい悩むこと
③ 社長が意思決定を間違えないように，理解しやすく簡潔に物事を伝えること
④ リスク，失敗などから先に伝えること
⑤ 誰もが嫌がる大変な仕事から逃げないこと

もし，社長の片腕として活躍するのであれば，このうちどれが欠けてもうまくいかないと思います。逆にこれらがしっかりとできていれば，絶対的な信頼を得られるはずですので，距離感や関わり方など難しいことを考える必要はないのではないでしょうか。

一方で，部下との接し方は一考を要するかと思います。なぜなら，自分のポリシーや考え方などが，経営的なレベルに行けば行くほど，部下との間に距離ができていくからです。特に，未上場から上場企業へと向かうにつれて，社長と一緒にいる時間が長くなるので，より一層従業員から見ると距離が開いてしまうのだと思います。ただ，こればかりは立場が違うので仕方がありません。

ですので，部下との接するときは，そのことを十分に自分にいい聞かせてから接する必要があるかと思います。そうでないと，頻繁に衝突します。私自身も，今振り返って考えて見ると，この部分はうまくできなかったと反省しています。

■リーダーシップについてどのようにお考えでしょうか。

　リーダーシップとは，人の上に立つと理解しがちですが，私の経験上，強い責任感がベースにあることが前提で，皆がカバーできていない難題を自ら見つけて，解決に導く役割ではないかと思います。つまり，自分自身の性格とは関係なく，そうすれば，自ずとリーダーシップはとれるようになるということです。その一方でこの議論は，フォロワーシップと表裏一体でもあります。つまり，リーダーというポジションは，必ず誰かをフォローする役割を同時に持っているからです。強い責任感がベースと前述しましたが，この「責任感」は，マニュアルで身につくものではないですし，また，人にいわれて身につくものでもありません。そして，社会人だから持っているというわけでもありません。それは，涵養されるものであり，人生が反映されるものであり，「当事者意識」そのものであると思います。

　リーダーには，この"当事者意識の塊"となることが，何よりの条件なのではないでしょうか。

■CFOとして一番大切なスキルとマインドを教えてください。

　CFOとして一番大切なスキルは，会計や税務，ファイナンス全般の知識はもちろんですが，その狭い専門分野の中だけで活躍するのは，CFOではなく，経理・財務部門のヘッドといわれるポジションです。

　これに対して，CFOは，経理・財務部門のヘッドとしての能力・経験にプラスして，幅広い分野でのジェネラリストとしてのビジネス経験があり，リーダーシップのマインドを兼ね備え，会計等の専門分野以外の分野にも立ち向かうことができるポジションです。これが，CFOは社長の片腕といわれる所以です。

　CFOは会社の弱点やダメな部分が数値という絶対的見地から，その専門的な知見をベースに，会社の中で誰よりも予見でき，その将来がカラーの映像で浮かぶような感覚を持つこととなるため，誰も気づいていない，もしくは気付いていても見て見ぬふりをしている事由が，あたかもその当事者であるかのご

とく，わかってしまうということがときに起こります。

　ですので，解決すべき良くない事案に対してCFO自らが全てを明らかにし，"当事者意識の塊"となって問題を解決していくという場面に出くわすことがあるのは，そのためです。特に上場準備中は，組織が未成熟であるため，そのような場面が頻繁に起こります。

　結論として，私は，CFOは肉体的にも精神的にも強くなければならないと思います。

■CFOの仕事の魅力をお聞かせください。

　CFOの仕事の魅力は，何といっても数値という客観的なものをベースに会社の方向性をリードすること，もしくはリードする部門に対して適切に助言できることにあります。特にそれが，結果として事業の発展に大きく寄与することを経験すると，自己実現という意味でとてもやりがいを感じます。このようなスケールの大きな自己実現を経験できる職種の1つがCFOであると思います。

　また，CFOという仕事は，会計という知識のベースは皆同じである一方，その先どのようなCFOを目指すかどうかは，人それぞれ選択することができます。つまり活躍のフィールドがとても広いということです。グローバルな視点から大企業で活躍するCFOもいれば，国内IPO準備企業の成長に特化したCFO，特定の業種に特化したCFOもいます。いずれにしても，もう一つ先のキャリアを自分自身で選択することができるのが，とても魅力的だと思います。ちなみに，私個人は，現在はCFOの経験を活かし，ベンチャー企業で事業そのものを企画・運営し，会社の経営に資するCOOという新たなフィールドでのチャレンジを選択しました。

profile

吉田 知史 (よしだ ともふみ)

1968年8月13日生

職 歴

1994年9月	等松・トウシュロスコンサルティング株式会社
	（現 アビームコンサルティング株式会社）入社
1999年10月	朝日監査法人（現 有限責任あずさ監査法人）入所
2005年9月	EYトランザクション・アドバイザリー・サービス株式会社入社
	（新日本監査法人（現 EY新日本有限責任監査法人）入所と同日出向）
2012年2月	アイビーシー株式会社　管理部長
2013年12月	アイビーシー株式会社　取締役経営管理部長
2017年1月	株式会社ジオコード　専務取締役CFO

学 歴

1987年3月	私立武蔵高等学校卒業
1992年3月	京都大学工学部工業化学科卒業
1994年3月	京都大学大学院工学研究科分子工学専攻中退

資 格

1999年10月	公認会計士第二次試験合格
2003年4月	公認会計士登録

特 徴

理工系から転じて公認会計士資格を取得。監査法人では金融庁特別検査対応時のメガバンク等の会計監査を担当。その後財務アドバイザリーファームにて大手企業のM&A案件にプロジェクトマネージャーとして多数関与。43歳でベンチャー企業に転じCFOとして売上高4億円，最終利益500万円の会社を入社3年7カ月で東証マザーズ上場，その後1年2カ月で東証一部市場変更へと導く。

■公認会計士になろうとしたきっかけは何でしょうか。また，CFOとしての業務に役立っていますか。

　公認会計士になろうと考えたのは，大学院（京都大学大学院工学研究科分子工学専攻）に入学して間もない頃でした。

　私は，映画「キューポラのある街」の舞台になった埼玉県の川口市で生まれ育ちました。実家もまさに「キューポラのある家」で，祖父の代から鋳物工場を営んでおり，親戚の多くも自営業者という環境にありました。長男である私は祖父や父，親戚等周囲の期待も感じていたので，将来は家業を継ぐものと自然に考え，大学も関連のある工学部材料系のあるところを複数受験し，結果として京都大学工学部工業化学科に進学することになりました。

　しかし大学4回生を迎える頃には，少し世の中のことも理解できるようになっていたので，東京に隣接する川口市という立地で私の代になって家業を継続・発展させていくことは難しいだろうと認識するようになっていました。大学院には進学したのですが，「どうしたものか」という気持ちが日増しに募っていきました。

　その頃，中学・高校時代の陸上部でお世話になった先輩が，公認会計士二次試験に合格されたことを大学生協の書籍コーナーで偶然手に取った会計士試験の合格体験記で知りました。身内の影響もあって会社経営というものに漠然と興味をもっていたこともあり，業種・業態を問わず会社経営に汎用的に活用できるスキルとして，仕事の詳細はわからないながらも公認会計士の資格が役に立つのではないかと直感し，思い切って大学院を休学，東京に戻って資格試験の勉強を始めました。

　しかし能力もさることながら，これまで公式などを全く暗記せずに必要な式はその場で原理原則から導いて試験に臨むタイプであったので，暗記中心の理論科目や体感ゲームのように電卓をたたく簿記の計算問題には全く適性がないと痛感させられました。そこで一度試験から距離をおき，未経験ながら運よく中途で採用いただいた会計事務所系コンサルティングファーム（現アビームコンサルティング）でリスク回避的に社会人経験ならぬ，社会人体験をすることにしました。そしてその後再度試験に挑戦することを決意し，数年間の暗黒時

代を経て1999年10月に漸く公認会計士二次試験に合格し朝日監査法人（現 あずさ監査法人）に入所しました。

入所後初めの2年間は，上場企業でも比較的中小規模の会社や非上場の商法監査対象会社数社を現場スタッフとして担当していました。いわゆるオールドルーキーに監査法人も期待などしていなかったと思いますが，会計士キャリアの初期段階の短期間のうちに，比較的コンパクトで全体俯瞰が可能な規模で，業種・業態，社風もさまざまなタイプの会社の内側を見る機会を得たことは，会社経営に携わる現在の立場としては大変有益な経験であったと思います。

その後事業部再編があったタイミングで金融事業部への配属を希望し，縁あって大手メガバンクグループの監査チームに入り，銀行本体と子会社，孫会社の監査を同時並行で担当することになりました。当時は金融庁特別検査対応時でもあったので，以後監査法人を退所するまでの約3年間，大所帯の監査チームの一員として，質・量ともにハイレベルな監査環境で毎日を過ごし，これ以上ない貴重な経験を積むことができました。ここで経験した仕事の内容，仕事の進め方，また人間関係は，その後の自分のキャリアの基礎になっていると思っています。

■なぜ監査法人の次のキャリアとして財務アドバイザリーファームを選んだのですか。

2000年を迎え，東証にマザーズ市場が新設され，ITベンチャーブームが到来した頃，公認会計士二次試験受験生時代に同じ教室でともに勉強していた人たちがベンチャー企業でCFOとして活躍している話を耳にするようになりました。また同じ頃，中学・高校時代の陸上部の先輩（前述の公認会計士になるきっかけとなった先輩とは別の方）が，誰もが知っている大手ECサイトを運営する企業の役員として華々しく活躍する姿を目の当たりにするようになり，「将来会社経営に携わるようになりたい」という会計士を目指した頃に抱いていた目標を改めて思い起こすようになりました。しかし当時の私にはすぐにCFOになるチャンスも見当たらなかったので，監査法人での仕事を一通り経験したタイミングで別のBig4系の財務アドバイザリーファーム（EY TAS）

に転職することにしました。

EY TASでは，M&A案件や企業再生案件における財務デューデリジェンス業務および会計分野のコンサルティング業務を行っていました。入社から4年弱でディレクターに昇格し，前職で金融機関の監査を担当していたという強みを生かして大手メガバンクによる証券会社買収案件や，地方銀行の経営統合案件，国有化銀行のエグジット案件を始めとする金融機関の大型案件を複数担当するなど日本を代表する大企業のM&A案件に主にプロジェクトマネージャーという立場で参加する貴重な経験をさせていただきました。

財務デューデリジェンス業務では，短期間のうちに対象会社を財務の視点で調査し，会社の経営課題や案件実行上の潜在的なリスクを可能な限り洗い出していくことが要求されますので，ベンチャーCFO職で必要となる「経営リスクをいち早く発見し対処していくスキル」に通じる経験であったと思います。

また数千億円規模の大型案件では，これまで一緒に働いたことのないスタッフも含めて30名程度のメンバーをファーム内から一気に集めてプロジェクトチームを組成し，短期間のうちにプロジェクトを遂行していくので，「スピードが要求される目的遂行型の組織管理」という点においてもベンチャーCFO職に通じる経験であったのではないかと思います。

その他，交渉事や各種契約書の確認など，ある種何でも屋でもあるベンチャーCFOにとって役立つ経験がいろいろありました。

■その後，43歳でベンチャーに飛び込みますが，リスクを感じませんでしたか。

EY TASには6年ほど在籍しましたが，リーマンショックの後に案件がシュリンクし業界の潮目も変わったことを実感し，次のキャリアを模索していました。このときタイミングよく監査法人時代の同期から「アイビーシーで上場準備に向けてCFOを探しているので一度話を聞いてみないか。」とう誘いを受けました。

当時のアイビーシーは，創業以来「ネットワーク性能監視のパイオニア」として，情報通信ネットワークの稼働状況や障害発生の予兆などを容易に可視化

可能な自社製品の開発・販売・サポートを手掛けるとともに，ネットワーク性能の分析・解析，コンサルティングといった各種サービスを提供していました。

これまで会計監査や財務アドバイザリー業務を通して関与してきた会社に比べるとかなり小規模ではありましたが，ストック型のビジネスモデルで新製品もリリースしたばかりとのことだったので将来性を感じ，直近3期間の財務状況も確認したうえで，「将来会社経営に携わるようになりたい」という当初の目標を実現する貴重なチャンスだと思いアイビーシーに飛び込むことを決意しました。

公認会計士二次試験に合格したのも年齢的には遅く，その後監査法人で約6年間，財務アドバイザリーファームで約6年間とキャリアを積んできたこともあり，ベンチャーに飛び込むには年齢的に遅いという感覚はありませんでした。

また，大学院を中退して公認会計士二次試験に挑戦し続け，20代から30代はじめの数年間を先の見えないトンネルの中で過ごしてきた経験があったので，リスクとしての認識はありませんでした。会計士試験受験生当時に比べれば，監査法人や財務アドバイザリーファームで自分でも納得のいく仕事をしてキャリアを積んできた自負もあったので，万が一アイビーシーでうまくいかなくても，ひとつの経験として十分リカバリーが効くと思っていました。ただし，財務アドバイザリーファームでディレクターをしていた時代に比べるとサラリーは大幅なダウンとなってしまったので，子供がまだ小さい中で家族が理解してくれたことには今でも大変感謝しています。

■入社から3年7カ月で東証マザーズ上場を果たしていますが，どのようなことに苦労しましたか。

私が入社した当時のアイビーシーは，創業から10年が経過し，創業期の「死の谷」を脱し経営が軌道に乗りつつある頃でした。

入社直前の売上高は4億円，最終利益は500万円で，従業員数は30人弱という会社規模でした。管理部門も担当者1名のみで，外部専門家の力を借りながら経理，財務，総務，人事，労務，さらには社長秘書業務，従業員のメンターに至るまで，あらゆる業務をたった1人でこなしている状態で，いってみれば

「管理人」が1名常駐しているような状況でした。業績管理に関しても，年間希望売上高とでもいうべきざっくりとした目標数字が掲げられているにとどまり，月次予算管理などからはかけ離れた状況にありました。入社前に聞いていた「既に上場直前々期で早々に上場したい」という意向とは裏腹に，限りなくゼロからのスタートとなりました。会社の経営も安定して資金的にも余裕が出てきたなかで「これからまた苦しい思いをして上場を目指す必要はないのではないか」という空気も社内には根強く存在していましたので，上場準備をいかに円滑に進めていくか，工夫を重ねる必要がありました。

　上場準備を具体化することなく10年ほど経過した会社で，しかも上場会社勤務経験者がほとんどいないなかで，いくら社長の意向とはいえ突然入社してきたキャリア的に異質な人間が，「異物」として排除されずに，それでいて「触媒」として有効に機能するためには，慎重なアプローチが必要でした。面と向かっての議論や論理的な正論は，ともすると感情的なもつれやハレーションの原因にもなりかねないので，特に入社当初は，マネジメント層ばかりでなく，あらゆる立場の従業員とのコミュニケーションに努めました。立ち話に始まり，飲みニケーションも積極的に活用し「異物」からの同質化を図りました（大勢で盛り上がることができる学生時代からのカラオケ十八番は非常に役に立ちました（笑））。

　また「触媒」作用を有効に機能させるために，上場準備の鍵となる業績管理や各種ドキュメント作成の進捗管理においては，主幹事証券等の外部専門家の力を最大限借りながらプロジェクトを進めていきました。例えば，主幹事証券や監査法人との定例ミーティングには，常勤の役員全員と一部の部長職を加えた会社の主要メンバーにも参加してもらい，業績の進捗確認や課題・問題点の共有を図り，私が伝書鳩になるのではなく，参加者全員が当事者意識を持ってもらえるように努めました。また主幹事証券や監査法人に協力してもらい，定例ミーティングで提出される各種報告資料の内容については，会社側参加者の意識づけや理解の向上を図る観点から，事前に私のほうで論点の加筆や文章表現の修正などをさせてもらったりもしました。

　このような中でも一番苦労したのは，業績管理を月次ベースで継続的に実施していくことに現場の体制や体力が追いつかなくなり，当初目標としていた

第2章　10人のCFOの履歴書　**187**

2014年9月期での上場を翌期に繰り越さなければならない状況になったときでした。業績の立て直しや会社全体のモチベーションの維持にも苦労しましたが，会社の方針により最少構成員で経営管理体制の整備と運用を進めなければならない中，経理担当の主要メンバーの離脱まで重なってしまいました。

　以前の職場のように共通言語や共通の価値観がお互いのベースにあって，物事が論理的に進んでいく環境ではないので，時に理不尽さを感じ，忍耐を要する状況に遭遇することも少なからずありました。ただこのような状況をありのまま受けとめてしまうと心身をとても消耗してしまうので，あたかももう1人の自分が仕事をしているかの如く客観視し，目の前に起こる事象を，丸や三角，四角に抽象化された物体の多体運動であるかのようなイメージもって分析し対処するようにして何とか難局を乗り越えていきました。

■その後，上場からわずか1年2カ月で東証一部に上場変更しますが，その間，新たな課題はありましたか。

　上場後の持続的な企業成長を可能とするためには，情報セキュリティやIoT，ブロックチェーン技術を活用した分野など会社の事業と親和性が高く今後の成長が見込める関連領域への投資やアライアンスを効果的に進めていく必要がありました。またそれを可能にするためのファイナンスやM&Aといった各種施策を有利に選択できるようにするためにも，東証マザーズ市場への上場が視野に入った段階から可能な限りのスピードで東証一部へ市場変更することを目標としていました。

　アイビーシーが東証マザーズ市場へ上場した直後の2015年9月期決算の売上高は，10億円に満たない規模ではありましたが，直近2期間の経常利益の合計額は5億円を超えており，幸いにも東証一部へ市場変更するための条件の1つをクリアしていました。そこで，現行ルールでの最短である上場後1年での市場変更を正式に目指すことになりました。

　東証一部への市場変更を達成するには，形式要件として明示されている複数の条件を最低限クリアする必要がありますが，業績面も含め克服すべき課題が少なからず発生し，必ずしも平坦な道のりではありませんでした。上場後には，

さまざまな提携話が以前とは比較にならない頻度で入ってくるようになりましたが、技術力のあるベンチャー企業と立ち上げた合弁事業をわずか4カ月で解消するというできごとが東証への申請を目前にして発生しました。このときには、私の人的ネットワークを活用して合弁解消の発表からわずか10日あまりで新たな提携先との協業開始を発表し株価への影響を極力抑えることができました。そして東証の審査になんとかたどりつくことができ、結果として予定より2カ月遅れではありましたが上場から1年2カ月後の2016年11月に東証一部に市場変更することができました。

■社長（CEO）とCFOの距離感を教えてください。

　一般に創業者が社長をされている場合、社長自らが大変な苦労をされ創業期の「死の谷」を乗り越えて会社を成長軌道にのせてこられた実績に裏打ちされた自負心をお持ちの場合が多いのではないかと思います。

　アイビーシーも創業社長が経営する会社であったので、私は重要な経営判断をする際であってもはじめから論理的な議論に終始するのではなく、社長の思いや意向を大切にするよう常に心掛けていました。またどうしても社長の意向と異なる意思決定をしなければならないときには、主幹事証券や顧問弁護士を中心とした外部の専門家からも話をしてもらうように調整して、ソフトランディングするように努めていました。

　基本的に総論のところでは社長の意向に沿い、各論のところで合理的と考えられる方向性に調整を加えるスタイルを貫いてきたつもりではいますが、結果として、最終的な結論の部分で、社長が自身の意向と相違するイメージをもたれる場合も避けられなかったので、そのような状況になった場合には、会社のあるべき方向にぶれがないように気持ちを強くもって対応していました。

　やはり一度会社に入ってしまえば、たとえCFOといえどもお客様や外部専門家の先生ではなく、社長から見た場合、部下の1人に過ぎないということを前提におきつつ、如何に会社をあるべき方向に動かしていくのかということに苦心していました。オーナー企業ではあるものの、会社として合理的な意思決定を可能とするファンクションとして機能するCEOとCFOの関係構築に極力

努めていたということになるかと思います。

■アイビーシー退任後，次のキャリアとして再度上場準備会社に入社していますが，仕事の内容に違いはありますか。

　アイビーシーが東証一部に市場変更し，上場後２回目となる株主総会も滞りなく終え，経営管理体制の整備も漸くひと段落して2017年を迎えていた頃，今度は身内が大病であることが判明しました。大きな手術をした後に入退院を繰り返していたこともあって，2017年６月末をもってアイビーシーの取締役を退任し，その後半年間は身内のフォローと自身の充電期間に充てていました。

　身内の容態が一時的に落ち着いていた2017年の秋頃からは次のキャリアに向けていろいろな人に会って話を聞くなどしていましたが，そのなかで，再び事業会社でCFOをする方向へと考えが徐々に固まっていきました。その間，知人の紹介やエージェントの紹介等をあわせて20社ほどの経営者の方々にお会いして，経営に対する考え方やビジネスモデルを直接お伺いする大変貴重な機会をいただき，新たな会社でCFOという立場で自分が何をしたいのかをいろいろと考えていきました。そして最終局面では，上場企業のCFOとして企業価値をさらに高めていく仕事をするのか，再度上場準備会社に入ってベンチャーCFOとして上場を目指して行くのかで非常に悩みました。

　最終的に再度上場準備会社に入ることを決意し，2018年１月からは現職のジオコードにおいて専務取締役CFOというポジションで，管理部門を管掌するとともに，対外的にはアライアンス等の計画，交渉，実行等を担当して自社の持続的成長に向けた骨格づくりに取り組んでいます。

　前職のアイビーシーでは，どちらかというとバックオフィス系の仕事が中心でしたが，ベンチャーCFOとして２社目になるジオコードでは，その比重が減って，将来の企業成長の種まきをしてビジネスの屋台骨を作る仕事を推進することに携わることができているので，自分が経営に携わる立場として志向する方向へとステップアップしている実感を持っています。

　また従業員数でも前職のアイビーシーでは入社時の30人弱からスタートして退職時でも60人に満たない規模であったのに対し，現職のジオコードは100人

を超えるので新たなカテゴリーの組織管理を経験できる機会となっています。

　ジオコードは，これまで首都圏・近畿圏を中心とした主に大都市圏において Web マーケティングサービスとクラウド型業務支援サービスを提供して顧客の企業成長を攻めと守りの両面からサポートしてきましたが，新たな成長軸として地方創生に向けて，地域金融機関や地方公共団体，さらには全国展開する企業等との連携強化を図り，Web の力で地域経済の活性化に寄与する取組みを推進しています。この地方創生に向けた取組みを進めているなかでは，これまでの人的ネットワークであったり，会計監査や財務アドバイザリー業務を通して金融機関やその出身の方々とお仕事をさせていただいてきた経験が非常に役に立っていることを実感しています。取組みの成果も徐々に出てきていますが，各地域の方々とのフェイス・トゥ・フェイスのふれあいを通じて，従業員にも日常業務に社会的意義を感じてもらえたらいいなと思っていますし，またこの取組みを通して地域経済に新たな活力が生まれれば意義のあることではないかと思っています。

■CFO として一番大切なスキルとマインドを教えてください。

　会社の成長ステージや規模，また業種・業態やビジネスモデルによっても CFO に求められるスキルには相当幅があると思いますが，私が経験した上場準備を進めるベンチャー CFO 職として必要となるスキルを私なりにまとめてみると以下のような項目になるのではないかと思います。なおマインドという点については，スキルの一部として包含される思考態度であると考えています。

---

① 知力・体力・時の運

② コミュニケーション能力

③ コンタクト・フリーな人的ネットワーク

④ ビジネスリスク把握のための嗅覚

⑤ 自分自身の原理原則をもつ

---

① 知力・体力・時の運

まず知力という点では，一定レベルのファイナンスや会計，法務等の知識や，ビジネス全般に共通する「計数を基礎に論理的に物事を思考し，判断し，言語化し，伝達することが普通にできること」も必須のスキルであることに疑問の余地はないと思います。

次に体力という点では，上場準備を始めたばかりのベンチャー企業においては，経理，財務，総務，人事，労務さらに内部監査といった管理系業務を全く兼務なくそれぞれに専担者を配置するなどということは難しく，1人何役もこなさなければならない状況が一般的だと思います。また担当者の仕事の質が十分担保されない状況も場合によってはあり得ると思います。そのような状況のなかでは，場合によってCFOが最後の砦として徹夜してでも業務をフォローしたり，休日返上で1人何役もこなしていかなければならない局面が幾度となく訪れることがあります。したがって，擦り減ることのない心身のタフさも必要な素養ではないかと思います。私の場合，入社から数カ月は管理部所属が私を含め2名という状況が続いたので，連日深夜残業という状況が続いていましたし，主幹事証券の審査用提出資料作成のピーク時には，月に三度徹夜し，毎週土日出勤という状況になったこともありました。ただ私にとってこのような状況は，現在とはかなり社会環境が異なりますが，ひと昔前の大学・大学院での研究生活や公認会計士二次試験の受験生時代，さらには監査法人での繁忙期や財務アドバイザリーファームでの報告書の締め切り直前などに当たり前のように経験してきたことであったので，あまり苦にはなりませんでした。途中，免疫力の低下が原因で二度ほど救急搬送され，人生初の入院手術なども経験しましたが，会社復帰後は引き続き上場準備に向けて突き進んで行きました。

最後に時の運という点では，上場予備軍の中から実際上場まで到達できる会社というのは年間100社に満たない数に限られている状況が続いていますので，業績やCFOの手腕もさることながら最後はやはり時の運というものが結果を左右するのではないかと思っています。運を持ち合わせていることも大切だと思います。

② コミュニケーション能力

次に必要となるのはコミュニケーション能力だと思います。ここには，段取りやスピード感を常に意識し，組織を動かし，プロジェクトを遂行し，会社全体をミッション達成のためにあるべき方向に導いていくリーダーシップの素養も含めて考えています。社内では，経営の方向性について役員間でしっかり意思疎通を図るということはもちろんのこと，若手従業員とも壁を作らず気さくに会話して，生きた組織である会社全体のコンディションを絶えず把握するとともに，状況によっては全社的なモチベーションのコントロールを主導することができるということも必要な素養であると思います。また対外的には，主幹事証券や金融機関，監査法人や顧問弁護士といった外部専門家との信頼関係を構築していくことも，上場準備というプロジェクトを推進していくうえでは重要であると思います。日頃から信頼関係を構築しているからこそ，上場が迫ってきたタイミングで，主幹事証券とギリギリの交渉ができるのだと思いますし，動かない社内をあるべき方向に動かしていく際に，外部専門家の力を借りることもできるのだと思います。

③ コンタクト・フリーな人的ネットワーク

ベンチャーCFOは，上場準備をはじめ会社運営上のさまざまな課題に立ち止まることなく次々に対処していかなければならない立場にあるので，業務遂行上の課題や疑問点をいつでも気軽に確認，相談できる相手が必要であると思います。私の場合，以前の職場から事業会社に移ってそのことを痛感し，時間の許す限りベンチャーCFOの集まりに参加したり，公認会計士協会や監査法人主催の研修会や懇親会に顔を出したり，以前の職場や出身中学・高校・大学のネットワークを活用して，さらに証券会社の方々との交流を深め徐々に人的ネットワークを広げていきました。また現在でもこれまで築いてきた人的ネットワークを基礎に新たなご縁をいただいたりして，周囲の方々には常に助けていただいています。

④ ビジネスリスク把握のための嗅覚

一般にプライベートカンパニーにおいて，顕在化しているものに加え，潜在

的なビジネスリスクも多数存在していることがむしろ常態だと思います。上場に向けた経営管理体制の整備に対する意識が成熟しておらず、また内部監査の体制すら整っていない状況では、最後の砦としてCFOが率先して経営課題となるさまざまなリスクを発見し対処していかなければならないので、あらゆるところにアンテナを張り、現場とのコミュニケーションを図りながら、潜在的なリスク把握に努め、課題として認識し、適宜対応していかなければならないと思います。そういった意味で、ベンチャーCFOにはビジネスリスク把握のための嗅覚は必須であると思います。

⑤　自分自身の原理原則をもつ

一般にオーナー企業の場合、社長の意向を最優先する傾向にあって、場合によっては社会常識や経済的合理性のある価値判断から乖離した事案も検討されることが少なからずあるのではないかと思います。そのような場面においては、CFOとして自身の意思決定の判断基準をしっかり持ちわせていることが何より必要になるのではないかと思います。私の場合は、「自分がそれを説明するロジックを構築できるのか、そして公の場でCFOとして説明責任を果たせるのか」ということを最終的な判断基準としています。

■CFO職の魅力をお聞かせください。

CFO職の魅力は、会社という生きた組織を、自らがその当事者の1人として主体的に設定した目標に向けてダイナミックに動かしていくことができるという点にあると思います。

もちろん私がこれまでに経験してきた会計監査や財務アドバイザリー業務もそれぞれ突き詰めていけば奥が深いですし、仕事としての魅力もたくさんあります。しかしあくまで外部専門家として部分的に案件に関与する黒子としての立ち位置にとどまるので、自らが主体的に動いて何か結果を残しているわけではなく自分のなかにどこか不完全燃焼の部分が残っていました。

これに対してベンチャーCFOとして上場を目指すプロセスは、会社がプライベートカンパニーからパブリックカンパニーへと大きく変化する環境に身を

置くことになるので，心身ともに相当タフでなければ務まらない仕事ではあります。しかし生身の人間の集合体である会社という生きた組織を，理屈だけの世界ではなく，また性善説がまかり通る世界でもないなかで常に最適解を模索して変化させることで目標に向かって前進させ，最後には目に見える形で結果を残すことができるので，そこに仕事のやりがいや面白みを見出すことができるのではないかと思っています。

profile

渡邉 淳 (わたなべ あつし)

1972年3月16日生

職 歴

1992年4月	富士通株式会社 移動通信端末開発部に配属
1997年10月	青山監査法人（現 PwCあらた有限責任監査法人）
2003年7月	野村證券株式会社へ出向 引受審査部に配属
2006年4月	株式会社ラルク 株式上場（IPO）支援コンサルタント
2008年5月	株式会社ラルク 取締役
2014年5月	株式会社エラン 取締役CFO
2017年4月	株式会社エラン 取締役業務本部長
2018年4月	公認会計士渡邉淳事務所設立

（ENECHANGE株式会社社外取締役，株式会社H&Hホールディングス社外取締役，株式会社ALiNKインターネット社外監査役）

学 歴

1992年　東京工業高等専門学校 電子工学科卒

資 格

1997年　公認会計士第二次試験合格
2001年　公認会計士登録
2018年　ワインエキスパート（日本ソムリエ協会）

特 徴

キャリアのスタートはエンジニア。公認会計士資格取得を経て，キャリアチェンジ。監査法人・証券会社（主幹事証券会社の審査）・株式上場（IPO）支援コンサルタントというIPOにおける主要な社外プレイヤーの立場を複数経験した後，IPO準備中の株式会社エランに飛び込みCFOとしてマザーズ上場および翌年の東証一部への市場変更を成功に導いた。

エラン退任後は，これまで出会った方々に感謝を込めて四国お遍路八十八霊場巡り，何をするにも体力が絶対なので，年数回のマラソン大会参加を習慣にして体力増強中。豊かな人生を求めてワインエキスパートの資格を取得。さらに世の中に貢献できる人物になれるよう，東京大学エグゼクティブ・マネジメント・プログラム（東大EMP）にて勉強中（2019年4月～）。

■監査法人，証券会社，コンサル，事業会社CFOとさまざまな立場で
IPOに関わっていますが，IPOを得意分野にしようとした理由があれ
ば教えてください。

　監査法人に入った当初の業務は，法定監査（上場企業，未上場の大企業，外
資系企業など）が中心でした。数年の経験を積んでからM&AやIPO支援，会
計アドバイザリーなどの周辺領域にも関わらせてもらいましたが，その中では
IPO支援が自分に合っていると思いました。
　理由は2つあります。1つ目の理由はプロジェクトの全体を見渡しながら仕
事ができるということです。既に上場して安定している大企業の監査の仕事は，
一流企業の優秀な方々との仕事ができ，監査法人内での評価もされる王道の仕
事ではありますが，大人数での監査チーム対応となりますので，チームメン
バーは自分の担当する領域に集中し会社全体を見ることはできません。それに
比べてIPO支援は，会社の規模もそこまで大きくなく，監査法人としても比較
的少ないチーム人数で対応しますので，比較的経験年数が浅いときから個人と
しても会社全体を見ることができます。社会に出てすぐに入った富士通では，
携帯電話の開発に携わっていたのですが，携帯電話の開発に携わるエンジニア
だけでも物凄い人数です。個人個人は携帯電話の中のこのパーツを，この部分
のプログラムをと本当に小さな領域を担当することになりますが，私は仕事の
全体像が全く見えないので，自分のやっていることの意義・遣り甲斐を見出す
ことができませんでした。その経験からも，自分で全体を見渡しながらできる
仕事を欲していたようにも思えます。
　2つ目の理由は，IPOは成功したらみんながハッピーになる前向きプロジェ
クトだからです。プロジェクトが順調に進み，IPOが実現すれば経営者は当然
にハッピーですが，働いている従業員も株主も監査法人も証券会社もその他関
係者もみんなハッピーです。私は，誰かが得するとその分誰かが損するという
ようなゼロサムゲーム的なものがとても苦手です。ギブアンドテイク（与える
かわりに相手にも求める）という考え方も好きではなくギブアンドギブ（見返
りに期待せず提供できるものは提供する）でいいと思っています。「上手く
いったらみんなハッピー」となるIPOは自分の価値観にも合っていると思いま

した。当時は「Win-Win」というワードも知らなかったのですが，後ほどエランに転職するときの話でも出てきますが，私は若い頃から「Win-Win」の考え方が大好きだったみたいです。

■監査法人在職中に野村證券に出向していますが，ご自身の希望によるものでしょうか。また，それは，意識したキャリア形成だったのでしょうか。

2003年からの野村證券への出向は，組織から命を受けたものではなく，私からの希望で実現しました。出向希望者を募集する告知を見つけ，ぜひ行きたいとエントリーし，複数名の応募者の中から選んでもらいました。当時はIPOがとても活況でIPO準備会社に関わる機会が多かったのですが，自分の関与先からはなかなかIPOを実現する企業が出ず，準備ステージの会社ばかり抱えている状況でした。ゴールを見たことがない状況での支援は自信をもった指導もできず，実績・経験が積めていないので有望なクライアントを任せてもらえないという悪循環に入りつつありました。この野村證券への出向の話はとても魅力的に映りました。行先の部署がIPOの審査を行う引受審査部でしたので，IPOできる・できないのギリギリの局面をみることができる最高の場だと思いました。しかもIPOにおいても圧倒的な実績を誇る野村證券ということもあり，ぜひ行かせてくださいと志願しました。

意識したキャリア形成だといえばカッコいいのでしょうが，そのときは，その次のキャリアのことまでは考えておりませんでした。IPOコンサルを目指そうとも思っておらず，事業会社CFOにも関心ありませんでした。監査法人で働いていくうえで，武器になるスキル・経験を身につけたいと思い，出向に出していただきました。

結果的には，野村證券で経験を積めたことは本当によかったです。それまで監査法人の立場でIPOに携わってきましたが，証券会社でIPO審査をする立場になった際，視野の狭さを痛感しました。監査法人にいるときは有価証券報告書における「経理の状況」がIPO準備の最重要ポイントというような認識でしたがIPO審査において確認する範囲はとても広範で「経理の状況」などほんの

一部なのだと知らされました。また監査の目線では財務諸表という過去情報（の正確性）ばかりに目が行きますが，証券会社や証券取引所が注目するのは過去よりも将来（事業計画や予算）でした。当たり前のことですが企業の経営者も過去ではなく将来のことを考えていますので，ここで視野が広がったことはCFOを務める際にもよかったのだと思います。キャリア形成の話題からは逸れますが，野村證券での出会いとそこで得られた人間関係も私の大きな財産です。当時の上司や先輩，同僚とは今でも親しくお付き合いいただいていますし，別の監査法人からの出向者とも一緒に働き，同じ釜の飯を食べた「元同僚」になれたのも有難い経験です。

■監査法人からIPOコンサルに転身した経緯を教えてください。

　野村證券での任期を終え，2005年7月に中央青山監査法人に戻りましたが，その直後に想定外のことが起こりました。出向に出してもらった恩もありますし，せっかく身につけてきた経験を監査法人で活かしたいと思い，IPOの仕事をメインにしてもらう算段でした。ところが帰任してわずか2カ月後の同年9月に同監査法人所属の会計士4名がカネボウの粉飾決算に関わったとして逮捕される事件が起きました（補足：これを含むいくつかの不祥事が原因で中央青山監査法人はその後解散となります）。上司からも当面は既存の監査クライアントへの対応を最優先とするので新規（IPO）の仕事は控えていくという方針が示されました。

　それは困ったなと思っていたときに，ラルクの鈴木社長と出会うことができました。当時はラルクという会社名も知りませんでした。そもそもIPOコンサルが何をやるのかもほとんど知らず，正直なところIPOコンサル全般に対して良い印象を持っていませんでした。本当はIPO準備会社が自らノウハウを身につけ自分でやらないといけないようなことをこっそり代行したり，審査をどうすり抜ける（ごまかす）かを指南したりするようなインチキくさい存在だと思っていました。

　ところが鈴木社長にお話を聞くと，ラルクはそのようなインチキコンサルとは一線を画す存在で，効果的かつ効率的にIPOプロジェクトを成功させるため

に高度なノウハウを駆使するプロフェッショナル集団とのことでした。証券会社や監査法人からの指導だけではうまく進まないIPOプロジェクトを他の関係者とも連携しながら推進していく役割を担っており，（IPOコンサルが関与することを嫌がると思っていた）大手証券会社からの紹介での案件受注がとても多いというお話にも驚きました。私自身のこれまでの経験が存分に活かせ，また，成果を出せばクライアントやその他関係者にも思いっきり喜ばれる仕事だという確信が持てましたので，ラルクでIPOコンサルをやってみたいと思い，入れていただきました。

■IPOコンサルとして8年間活躍していますが，CFO職に役に立ちましたか。

ラルクにおいては，監査法人および証券会社でIPOに携わってきた経験を用いて，企業のIPOのための支援活動をしていました。通常，企業のIPO準備は監査法人や主幹事証券会社の指導・サポートを受けながら行うものですが，会社が急成長しており社内の体制がとても不安定な状況の中で，多くの難しいテーマを同時並行でしかも短い期間でやり遂げていく必要があるため苦戦しているケースが多いです。当時，ラルクのメンバーは私だけでなく，他のコンサルタントも全員が証券会社において公開引受部もしくは引受審査部でIPOに携わった経験があり，かつ公認会計士というプロフェッショナル集団でした。やり直しや手戻りをなるべく避け，最短距離でIPOに進めるようにサポートするのが役割ですので，支援先の企業のニーズに合わせて，さまざまな局面でお手伝いをさせてもらいました。

支援する領域としては，資本政策・決算・開示・予算統制・JSOX・財務・総務・人事・法務・IR・内部監査・監査役監査などIPO準備の全体にわたります。作業としては，Iの部やIIの部，新規上場申請者に係る各種説明資料のような審査用の書類作成のサポートや証券会社や証券取引所から出される審査質問への回答作成のサポートなども行いました。会社のIPOプロジェクトの打ち合わせに参加するほか，監査法人や証券会社との打ち合わせにも同席し，コミュニケーションのミスが生じないようにフォローしたり，管理部門の体制強

化（中途採用）を行う場合において，人材紹介会社への発注や採用面接への同席など，IPOのために外部からフォローが必要なことは何でも対応するという姿勢で仕事をしていました。

このIPOコンサルでの経験は，CFOになってから，とても役に立ちました。

エランのCFOとして，1つの重要なミッションは，マザーズ市場へのIPOとその後の最短での東証一部市場変更でした。この両プロジェクトには，IPOコンサルの経験がそのまま役に立ちました。やるべきことは一通りわかっていましたので，東証一部への市場変更も最短の日程で行いましたが，証券会社からの指導を受ける前からどんどん作業をしましたので，公開引受の担当者は楽だったと思います（笑）。それと，やれば喜ばれること，役に立ちそうなことなら積極的に提案していくというスタイル面も，CFOになってからも活きた気がしています。また，CFOが困ったときに頼りにできる知人友人がたくさんいたことも大きなアドバンテージだったと思います。上場を果たされた支援先企業のCFOや管理部門のメンバーのほか証券会社，監査法人，印刷会社，弁護士，司法書士，人材系の会社，個人で活動している会計士など，困ったときに本気で動いてくれる依頼先や相談先がたくさんあることはとても心強かったです。仕事が変わってもお付き合いくださる友人知人の存在は本当にありがたいですね。

■その後の株式会社エランへの転職では，42歳で単身赴任という道を選択しましたが，何がそこまで駆り立てたのでしょうか。

転職のきっかけは，櫻井社長からのお誘いです。しかしながら，事業会社でCFOになるという目標があったわけではありませんし，IPOコンサルタントの仕事はとても面白く，また，成果もそれなりに出ていましたので本当に悩みました。IPOについて，監査法人と証券会社とIPOコンサルタントという3つの立場から関わってきたことで，自分はこの領域におけるプロ中のプロだという自負がありましたが，それまでの経験は全てが社外からの関わりであり，自分が当事者として会社の中からIPOを成し遂げていないことについて小さな引っ掛かりがあったのは事実です。

それまでこの手のお誘いは全てお断りしていましたが，なぜエランに行ったのかというと，やはり櫻井社長だと思います。お誘いの話が出たときには2年以上コンサルタントとしてエランを支援していましたので，人間性や考え方はお互いにわかっていました。同社にとってのIPOの意義・目的も共有していましたし，櫻井社長は社員をとても大切にするのでそれも魅力でした。また，外部との付き合い方もなるべく敵を作らず，「Win-Win」の発想でどんどん仲間（応援団）を増やすことをしていくので「この人は凄い人物だ」「私には絶対にないものを持っている」と思っていました。また，その社長が集めたメンバーも性格もよくこの社長およびこのメンバーとなら一緒に仕事したいと思いました。同社が提供する「CSセット（入院生活に必要な身の回り品のレンタル 〜 手ぶらでの入退院が可能になる）」は，これからわが国の高齢化・核家族化や単身世帯の増加が加速するとますます求められていく社会的な意義があるものであり，このサービスが採用されると①個人ユーザー（ご利用者もそのご家族も），②病院等の施設（経営サイドも現場サイドも），③病院等の周りにいる取引業者の三者（とエラン）のすべてがハッピーになる「Win-Win-Win」のビジネスモデルというのもポイントでした。そのうえで，同社のIPOとその先の成長には自分のこれまでのスキル・経験がかなり役に立つだろうという確信も持てました。私自身が，同社の中期経営計画の策定や予算統制の仕組みづくりにどっぷり関わっていましたので，事業環境や収益構造の理解（ストックビジネスであること等）から当面の成長性および業績面の手堅さがわかっていたのも大きいです。

転職するかどうか，1つひとつ気になることを整理していき，それでも最後まで迷いました。

本当に最後の決め手は，櫻井社長からいわれたひと言です。

「エランに飛び込むことが渡邉さんにとって正解かどうかは私もわからないよ。ただ，うちに来ればぜったいに楽しくなるよ」と。それまで転職する・しないについて，理詰めで合理的な判断をしようとしていましたので，全然違う切り口が示されて衝撃でした。落ち着いてからもう一度その言葉を思い出し，ぜったいに楽しくなるって素晴らしいことじゃないかと思い，「本当に楽しくなるならやってみよう」とエランに行く覚悟を決めました。

■CFOとして最短の上場（マザーズ上場，東証一部市場変更）を計画し達成しますが，その成功要因は何でしょうか。

　とても難しいご質問です。いままでの全ての経験が役に立ちました（エンジニアも含めて，過去のキャリアで無駄だったと思うものは一つもありません）。

　スキル・経験という意味では，監査法人・証券会社・IPOコンサルタントとさまざまな立場でIPOに関わり続けてきた経験が本当に役に立ちました。会社がIPOのために取り組むことは本当に広範です。資本政策・決算・開示・予算統制・JSOX・財務・総務・人事・法務・IR・内部監査・監査役監査などなど。監査法人においては，決算・開示まわりを集中的に経験させてもらいました。証券会社では上場審査という切り口で審査項目全般というとても広い視野で合格と不合格の境界線を見ることができ，IPOコンサルでは，多岐にわたる準備項目の中で特に苦労する部分・問題になる部分を集中的にサポートすることをやっていました。成功事例と失敗事例をたくさん見てきたことに加え，失敗しそうなところをどう成功に持っていくかという問題解決に関わったことが本当に役立ちました。世の中には，IPO関連の経験を持つ方はたくさんおられますが，その中でも私はいろいろなことを経験させてもらってきた方だと思います。苦労も多かったですが，振り返ってみるとそれが良かったのだと思います。

　なお，スキルとは別の切り口では，ラルクでは個人事業主に近い小規模組織での仕事をしたことはその後にとても活きたと思います。大手監査法人，大手証券会社という大組織での仕事は，守られながらの仕事です。企業からすると監査法人，証券会社，いずれについても多少の不満があっても付き合い続ける（簡単には契約を切れない）存在です。それに対し，IPOコンサルタントは，クライアント企業の期待に応え続けなければいけない厳しい立場です。コンサルタント1人ひとりが自分でニーズを把握し，支援内容と報酬金額を検討・提案し，受注後は自分でコンサル活動を行い，代金回収までフォローするという自己完結スタイルのコンサル会社でしたので，とても鍛えられました。クライアント企業において誰がキーマンなのかを見極め，キーマンを中心とする主要人物が自分に対して何をどこまで求めているのかを常に意識し，その期待を絶対に上回り続けるようにしていました。さらにいうと，クライアント企業から

評価されるだけではダメ（それは当然）で，どうやったらその企業に関わる他の関係者（証券会社や監査法人，信託銀行，印刷会社など）からも評価されるかを意識していました。この経験は，CFOになった後も，自分が今何をすべきなのかの見極めや社外の方にいかに応援していただくかなど，さまざまな面で生きたように思います。

■社長や他の役員等との距離感や苦労したことを教えてください。

　苦労はたくさんあったといえばありましたし，なかったといえばなかったです。

　1つひとつの事象に対して，私と社長とで別の意見になることは日常茶飯事でした。とにかく，社長とは特に丁寧なコミュニケーションを心がけていました（毎週月曜日の午前に社長との定例打ち合わせ（1 on 1）を行っていました）。エランの場合，「日本全国の病院に，CSセット（入院生活に必要な身の回り品のレンタル 〜 手ぶらでの入退院が可能になる）をなる早で広げていく」というわかりやすい中期的なビジョンがありました。その実現に向けてベストを尽くすという大命題がありましたので，異なる意見が出たとしても衝突にはなりません。

　お互いにこれまでの経験やスキルが全然違うことから自分とは別の考え方があって当然という認識でしたので，「なぜ社長はそう考えたのですか？　教えてください」とじっくり聞くとともに，私の意見についても「こういう根拠がある」となるべく専門用語を使わず平易かつシンプルな表現で丁寧に話をしました。

　このようなやり取りでじっくり話をすればだいたいの意見は1つになります。当時，櫻井社長のことを頑固で考えを曲げないタイプという人もいましたが，そんなことはありません。会社が良くなっていくことにはとにかく貪欲な方ですので良いと思うことはどんどん取り入れる経営者でしたのでとてもやりやすかったです。

　また，社長とのコミュニケーションで心がけたのは，いいづらいことでもあえていうというスタンスです。どの会社でも社長は社内外から「裸の王様」にされてしまいます。良い話が誇張（アピール）され，悪い話は極小化（時には

隠ぺい）されて伝えられますので，社長は本当に大変です。適切な経営判断を
するためには，正確かつさまざまな情報が必要ですので，「裸の王様」化を防
ぐように努めました。社長が喜ぶような情報を「本当はそこまでいい話ではな
いですよ」といい，あえて隠されていた悪い情報を「社長の耳には届いていな
いと思いますが」と伝えるなど，非常にイヤな役回りでしたが，本気で会社の
こと社長のことを考えれば，やらない理由はなく，逆にこの対応ができるのは
自分だけだと思い実行していました。櫻井社長はそのことを高く評価してくれ
ましたし（他からはいわれないことをいわれるので私との対応は大変だったと
思います），また，他のメンバーから「自分はいえないことをよくいってくれ
た」と感謝されることもありました。

　次に，他の役員や古参の幹部からの信頼を得るために心がけたこととしては，
なんでも受け止めに行くという当事者意識と未来志向の考えでしょうか。
　エランのようなステージでは，完成した大企業組織のように業務分掌が確立
されておらず，明確な役割分担にはなっていません。そのため，「それ（その
問題）は本当に自分がやるべき仕事だろうか（できることならやりたくない）」
のように感じることが多発します。そのようなときに私は，誰が対応するのが
合理的なのかを延々と議論するよりは，迷ったら自分で始末しにいくというス
タンスで対応しました。他の役員や古参幹部よりも後からの参画ですので，過
去（自分が関与していないタイミング）のトラブル・問題が起こると「これは
自分が起こした問題ではないし勘弁してくれ（関わりたくない）」といいたく
なる局面が頻繁に発生します。しかしながら，それをいっても解決しませんし，
その時々では当時の経営陣としてもベストを尽くしていたのだろうと思います。
　ですので，過去のことを責めることはせず，私もその問題の当事者になり，
将来に向かってこれから先をどうするかという議論に集中しました。その覚悟
が伝わることで認めてもらい，比較的短い期間で信頼をしてもらえたのかなと
思っています。もし，私が古参メンバーだったとしたら，後から飛び込んでき
た人がどういうことをしたら拒絶するだろうか，どういうことをしたら認める
だろうかということを考えれば，どうすればよいかはシンプルにわかります。
実際に行動に移すのは大変でしたが（笑）。

■ベンチャーCFOとしてどのようなキャリアが最適だと考えますか。それを達成した後は何を目指すのが良いと思いますか。

　私の経歴はかなり異質ですのであまり参考にはならないと思います。周りのベンチャーCFO・中堅企業CFOを見ても経歴はかなりの多様性を感じます。活躍されている方のキャリアとしては，①複数の組織で仕事をしたことがある人，②いろいろな属性の人と仕事をしてきた人，という共通点があるように思えます。

　まず①については，監査法人の経験がよいとか，金融機関の経験がよいとか，コンサルの経験がよいとか，事業会社の経験がよいとか色々いわれますが，どれが最適かはわかりません。ただ，伸び盛りのステージにあるベンチャー・中堅企業のCFOということを考えると，その会社よりも先を行っている会社のことを詳しく知っているということが大きな武器になると思います。また，ずっと1つの組織で働くとその組織の中での働き方だけしか知ることができません。いろいろな組織で仕事をすることで組織の中で働くことのコツ（経営陣や上司との接し方，部下後輩との接し方など）も磨かれると思います。

　先を行っている会社のことを知っていると強いという話に戻りますが，大概の仕事は，ゴールを見据えての逆算で組み立てていくのがよいとされています。そのためには，自社が成長した未来の状況をイメージできるかが大切だと思います。前職以前の経験で，うまくいっている組織の作り方や仕事の進め方を知っている方は，「まずはあの会社のような状況を目指せばよい」と自信をもってCFOの仕事を進められると思います。また，失敗事例を知っていれば，それを避けることもできます。もし，CFOが「（皆さんもわからないが）私もわからないから一緒に勉強していきましょう」ということを連発していたら，社長も不安になりますし，メンバーからも支持されないでしょうからダメだと思います。

　また，②については，コミュニケーション面で大切なことと思います。CFO職は，社内とのコミュニケーション力ももちろん大切ですが，管理部門サイドの会社の「顔」として，さまざまな社外関係者と関わります。取引先や金融機関だけでなく監査法人，投資家などと対応するにあたっては，それぞれ

の関係者が何を考えているのか（当社に何を求めているのか，何をされたら困るのか）を把握し，信頼，応援してもらえるような関係構築が必要です。視野が狭い方や人付き合いに好き嫌いがある方などはCFOには向かないと思います。いろいろな属性の方と仕事をしてきた経験がある方のほうがCFOの仕事はやりやすいと思います。

CFOになった方が次に何を目指すのが良いかは難しいですね。私も教えてもらいたいです。

経理財務という領域から離れて，副社長そして社長になるというキャリアもよいと思います。CFOを長く続けていくのも素晴らしいことだと思います。また，次のCFO・CFO予備軍を育てていき後任に譲るということもよいと思います。私自身は，3番目を選択し，後任に託すこととしました。次のキャリアでも「人の役に立ち喜ばれる仕事」「ワクワクする仕事」をしたいと思っています。

■CFOとして一番大切なスキルとマインドを教えてください。

◆スキル

CFOということであれば，以下のようなスキルでしょうか。なお，ベンチャーなどで管理部門全体を見るということであれば人事労務などのスキルも必要になります。

（企業の幹部全員が当然に必要）　企業経営・ビジネス
（CFO特有）　ファイナンス，会計，税務，法務，IR

上記のどのスキルについても，しっかりとした基礎力だけあれば，高度なスキルがなくても何とかなる気がします。基礎がしっかりしていれば，「自分がわからないものは特殊なもの，難しいものだ」と自信をもっていえますし，それらについては後で調べるなり，各々の分野の専門家を活用するなりで対応できますので。私がお付き合いさせていただいている優秀なCFOの方々も前もって勉強してスキルを身につけたというよりは，困った都度，実践の場で身につけてきたという方が多い気がします。

それと，スキルではないかもしれませんが，順応性・柔軟性が大切だと思います。未体験の領域について，必死に調べ（なんとなくで物事を進めず，法令等であれば根拠条文まで確認する），各種関係者に真摯に相談する，自分が納得いくまで考え抜く，交渉が必要な場面ではしっかり交渉をやりきるなどということは，いうのは簡単ですができる人は少ないと思います。知ったかぶりをする人，すぐに手を抜きたがる人が多いですので。

◆マインド

いろいろありますが，特に大切だと思うものは以下です。

・倫理観

上場企業クラスの経営幹部には，皆に必要なことと思います。社員は社長やその他経営陣の思考・振る舞いを本当によく見ています。公私混同やコンプライアンス違反など，ほんの少しだからいいだろうということをやってしまえば，それが会社全体に波及してしまいます。特にCFOの場合は，予算管理，資金管理という領域に関わりますので，CFOがだらしないことをするわけにはいきません。他の役員や社内全体を律する立場でもあるため，CFOは高い倫理観を持つ方がなるべきだと考えています。

・覚悟・積極性・責任感

経理財務部門の担当者や一般管理職との比較においては，CFOの役割の範囲や責任の重さは比較にならないものです。資金を調達するだけとか，予算管理や決算をまとめるだけにとどまらず，企業価値向上のために何をすべきなのかを考え実行していく役割ですので，受け身の姿勢の方では務まらないと思います。想像もつかないようなトラブルが生じても冷静に対応することが求められるポジションですので，それなりの覚悟をした人がやるべきだと思います。

私がこれからCFO職に就くというタイミングで，ある先輩CFOからいただいたアドバイスをご紹介したいと思います。「『まぁ いっか』と思ったときに気をつけな」というアドバイスです。「仕事を進めていくにあたって『まぁ いっか』と感じる局面があるだろうが，その瞬間を疎かにすると大変なことに

なる可能性があるので気をつけろ」という教えでした。その後CFOになってみると，本当はもっと調べたほうがいいんじゃないかとか，先送りしないで今すぐに対応すべきなんじゃないかと思いつつも『まぁいっか』で済ませたくなることが本当にたくさん発生し，びっくりしました。その都度，このアドバイスを思い出し，「まだできることがあるのにやらなくていいのか？」，「今すぐやらなくていいのか？」と自問自答すると，「やっぱりもっとやろう」「やっぱり，今すぐやろう」となってしまい，手を抜くことがまったくできませんでした。自分で自分を追い込むようなことをしていたのですが，背負っている責任の重さからするとCFOにはこのレベルの緊張感・責任感が必要なのだと思います。私がCFOを務めた期間はさほど長くはありませんが，大きなミスやトラブルなく任期を全うできたのは，このアドバイスのお陰であり，教えてくださった先輩CFOには本当に感謝しています。

・謙虚さ・感謝の気持ち
　社内および社外の関係者と円滑な関係を構築し，応援してもらうためには，絶対に必要なマインドだと思います。これはCFOだけではありませんが，活躍しているビジネスマンの多くはとても謙虚です。私は，「謙虚にしすぎて損をする」ということは絶対にないと思っています。社内外の関係者と良好な関係を築き，応援してもらうためには，常に感謝の気持ちを持ち，「ありがとう」と常日頃いえる人がやるべきだと思います。

・その他
　その会社が大好きだという人がやったほうがよいと思います。上で挙げた「覚悟」にも重なるかもしれませんが，その会社のビジネスや働いている社員のことをどれだけ真剣に考えているか（どれだけ愛するか）で社長や他の役員，従業員のCFOへの評価が決まる気がします。

■CFO職の魅力をお聞かせください。

　自分の判断によって会社の運命が変わるという臨場感・責任感ではないで

しょうか。

　会社のトップではないものの，経理財務部門（場合によっては管理部門）における最上位のポジションは，それよりも下のポジションとは別の世界だと思います。エランにおいてもマザーズIPOプロジェクト，東証一部市場変更プロジェクトのいずれにおいても，順風満帆だったわけではなく，進め方を誤ればプロジェクトが失敗してしまうかもしれないピンチが何度もありました。櫻井社長にもそのピンチの状況は随時共有していましたが，とても冷静に，「渡邉さんが全力でやってもダメならそれは仕方ない。今はそういう流れではないということ。任せるよ。」といわれました。会社の一生にとって，IPOできるかどうかや東証一部に行けるかどうかはそれなりに大きな意味を持つものですので，その成否の一部だけでも自分個人が預かるということに，押しつぶされそうなプレッシャーを感じましたが，それだけ重たい任務を託されたということをとても幸せなことと受け止め，もの凄いモチベーションが上がった（燃えた）ことをはっきり覚えています。燃えた結果，さらにフルパワーで仕事しましたので大変でしたが…。

　ベンチャーや中小企業のCFOは，会社の運命を背負って人生を賭けて仕事をしたいというタイプがよいと思います。役割が明確に定義されていないとやりづらい，上司から任せられた仕事（だけ）を確実に遂行していくということが好き・得意というタイプの方はCFOには向いていない気がします。

　CFOは，辛くてとても大変なポジションですが，だからこそ味わえる緊張感・遣り甲斐やその下のポジションとは別格の処遇があります。私でもできましたので多くの方にぜひ目指していただきたいですね。ありがとうございました。

参 考 文 献

・「リーダーシップの教科書」ハーバード・ビジネス・レビュー編集部編（ダイヤモンド社）2018年,
・「ファイナンス思考」朝倉祐介（ダイヤモンド社）2018年
・「IPOは野村に聞いてみよう」野村證券公開引受部（ダイヤモンド社）2018年
・「ROEって何？」小宮一慶（PHP研究所）2017年
・「ROIC経営」KPMG FAS あずさ監査法人（日本経済新聞出版社）2017年
・「企業価値4倍のマネジメント」火浦俊彦, ベイン・アンド・カンパニー（日本経済新聞出版社）2015年
・「CFOの挑戦」藤田純孝（ダイヤモンド社）2015年
・「CFOを目指すキャリア戦略」安藤秀昭（中央経済社）2015年
・「投資家と経営者をつなぐ実践的IR戦略」飯塚洋一（ダイヤモンド社）2014年
・「バイアウト」佐山展生, 山本礼二郎（日本経済新聞出版社）2009年
・「経営の未来」ゲイリー・ハメル, ビル・プリーン（日本経済新聞出版社）2008年
・「最高財務責任者の新しい役割ジェレミーホープ」（ファーストプレス社）2007年
・「CFO」行天豊雄, 田原沖志（ダイヤモンド社）2004年

あ と が き

最後まで読んでいただきました皆様に深く感謝申し上げます。

本書は皆様の身近にいるCFO（執筆者全員）が主人公です。その主人公が心に響く本にしたい，勇気が出る本にしたいとの熱い思いを込めて書いています。

読み終えて，行動する勇気が湧いてきたでしょうか。

そして本書はここで終わりではありません。

現実社会で私たちは，日々希望と不安を抱えて仕事をしています。

そこで，その不安や悩みの解決のヒントのため直接対話の時間は有意義ではないかと考えました。本書を読み終えて，其々のCFOに直接，話や意見を聞きたい方は遠慮なく，弊社にお問い合わせください。ご希望のCFOにおつなぎします。

・ご質問，お問い合わせ先
バリューアップパートナー株式会社
e-mailアドレス　info@vu-p.com

最後に9年間，CFOや投資ファンドについて教えていただいた私の元上司である安藤秀昭氏（元デルタウィンCFOパートナーズの社長）との出会いがなければ，この本の出版はあり得ませんでしたので，ここに改めて感謝の意を表したいと思います。

《編著者紹介》

大塚　寿昭（おおつか　としあき）
バリューアップパートナー株式会社　代表取締役

1955年9月　静岡県島田市生まれ
中央大学理工学部卒業後，家電量販店の第一家庭電器㈱にて23年間，経理財務部門を経験，2002年に民事再生手続きの申立をするまでの5年間，経理財務部長として再建計画の策定とその実行（資金調達，事業提携，資本提携等）に奔走。その後，投資ファンドの投資先にCFOを紹介するデルタウィンCFOパートナーズにて9年間従事，自身も2社のベンチャーのCFOとして活躍，その間，CFOや投資ファンドに関する知識の吸収とCFO等や投資ファンド，監査法人，証券会社等とネットワークを構築。独立後は多くの関係者の温かいご支援の元，CFOを中心とした管理部門人材の紹介・支援に特化して事業を展開中。
2003年　㈱デルタウィンCFOパートナーズ入社（後に常務取締役CFO）
2012年　㈱アドバンスフューチャー設立（取締役副社長）
2015年　バリューアップパートナー㈱設立（代表取締役）

CFOの履歴書

2019年7月15日　第1版第1刷発行
2023年12月30日　第1版第6刷発行

編著者　大　塚　寿　昭
発行者　山　本　　　継
発行所　㈱中　央　経　済　社
発売元　㈱中央経済グループ
　　　　パ ブ リ ッ シ ング

〒101-0051　東京都千代田区神田神保町1-35
電　話　03 (3293) 3371 (編集代表)
　　　　03 (3293) 3381 (営業代表)
https://www.chuokeizai.co.jp

© 2019
Printed in Japan

印　刷／三英グラフィック・アーツ㈱
製　本／㈲井　上　製　本　所

＊頁の「欠落」や「順序違い」などがありましたらお取り替えいた
　しますので発売元までご送付ください。(送料小社負担)

ISBN978-4-502-31091-1　C3034

JCOPY〈出版者著作権管理機構委託出版物〉本書を無断で複写複製(コピー)することは，
著作権法上の例外を除き，禁じられています。本書をコピーされる場合は事前に出版者
著作権管理機構(JCOPY)の許諾を受けてください。
JCOPY〈https://www.jcopy.or.jp　e メール：info@jcopy.or.jp〉